Timo Trabold
Athlete Spirit

ATHLETE SPIRIT - für Manager

Timo Trabold

Bibliografische Information der Deutschen Nationalbibliothek:
Die Deutsche Nationalbibliothek verzeichnet diese
Publikation in der Deutschen Nationalbibliografie;
detaillierte bibliografische Daten sind im Internet
über http://dnb.dnb.de abrufbar.

Verlag: BoD • Books on Demand GmbH, In de Tarpen 42,
22848 Norderstedt
Druck: Libri Plureos GmbH, Friedensallee 273, 22763 Hamburg

ISBN: 978-3-7597-7507-8

Inhaltsverzeichnis

LIEBER LESER,

mit diesem Buch verbinde ich die Erfahrungen, die ich in der Sportwelt, sowohl als Trainer und Athlet gemacht habe, mit den Erfahrungen aus meinem Berufsleben. Ich selbst habe vieles, was ich im Sport lernen und erfahren durfte, auf mein Berufsleben anwenden können und in diesem Buch möchte ich meine Erkenntnisse mit dir teilen. In der Überzeugung, dass meine Erkenntnisse dir auch helfen können. Da es auf dem Sportplatz kein „Sie" gibt, werde ich auch in diesem Buch die direkte Ansprache wählen.

In meinen Berufsjahren habe ich erlebt, wie Entscheidungen getroffen werden, um Höchstleistungen zu erreichen, die im Sport so nie getroffen werden würden. Als Manager stehe ich selbst häufig vor Entscheidungen, die ich Business-konform oder Sport-konform treffen kann. In einigen Fällen überschneiden sich die Ansätze und Zielsetzungen der Sport- und Businesswelt. In vielen Fällen jedoch überschneiden sich nur die Zielsetzungen und Absichten. Die Methoden könnten unterschiedlicher nicht sein. Häufig frage ich mich, wenn ich im Büro sitze und Entscheidungsprozesse begleite:
„Würde ich im Sport so vorgehen?".

Leider ist die Antwort häufig – Nein.

Daher habe ich mir die Frage gestellt, wie es sein kann, dass die gleichen Ziele und Absichten zu so unterschiedlichen Vorgehen führen? Ich glaube, einer der Hauptaspekte ist, dass Sportler einen gigantischen Eigenantrieb haben, um ihre Ziele zu erreichen, und der Coach im Sport als Unterstützer wahrgenommen wird. In der Businesswelt sehe ich seltener, dass sich die Zielfunktionen und Interessen der Mitarbeiter und Manager decken, als auf dem Sportplatz die der Athleten und Coaches.

Ob die unterschiedlichen Methoden nun ein Resultat dieser Beobachtung sind oder der Grund für diesen Unterschied, dazu habe ich keine abschließende Antwort. Auch nicht am Ende dieses Buchs. Eine meiner Grundannahmen ist, dass Manager daran scheitern, motivierende und leistungsorientierte Umgebungen zu schaffen, die ihre Mitarbeiter zur Höchstleistung anregen, genauer gesagt sie ihnen ermöglichen. Auch nehme ich häufig eine Kluft zwischen Management und Mitarbeitern wahr, die es zwischen Sportlern und Coaches nicht gibt. Sportler fühlen sich von ihren Coaches nicht ausgebeutet und Coaches fühlen sich von ihren Sportlern nicht betrogen, sollten sie eine schlechte Leistung erbringen. Da ich selbst Manager und Endurance Coach bin, habe ich Erkenntnisse aus beiden Bereichen auf den jeweils anderen übertragen. Dabei ist mir aufgefallen, dass Methoden aus dem Tagesgeschäft eines Managers im Sport zu Leistungseinbrüchen führen und Erkenntnisse aus dem Sport in Unternehmen Leistungssprünge hervorbringen.

Die Übertragung von Methoden aus dem Sport in das Büro können einen immensen Effekt auf die Arbeitsergebnisse, Produktivität, die Teams und die gesamte Organisation haben.

Als Coach bin ich sehr streng und einige mögen sagen „hart". Ich versuche als Coach dem Athleten zu helfen, die bestmögliche Leistung zu erzielen. Das Gleiche versuche ich ebenfalls als Manager. Ich versuche immer sowohl den Einzelnen als auch das Team im gleichen Maße zu fordern und zu fördern.

Dieses Buch ist eine Reihe von Erkenntnissen, die ich im Laufe meiner Karriere im Büro und auf den Laufstrecken und Sportanlagen gesammelt habe. Ich habe die Hoffnung, dass dieses Buch hilft, Unternehmenskulturen mit dem Athlete Spirit zu infizieren und somit erfolgreicher für alle, Mitarbeiter und Manager, zu machen. Auch wenn Trainer & Coaches eher Leader sind, behalte ich in diesem Buch das Wort Manager bei. Ich selbst sehe mich eher als „Leader" und habe Jahre gebraucht, mich mit dem Titel „Manager" zu arrangieren. Aus Gründen der Leserlichkeit bleibe ich jedoch das Buch über bei dem Wort Manager und verwende es synonym zu dem Wort Leader. Ich hoffe, dass du mir die Ungenauigkeit verzeihen kannst.

Vielleicht sehen wir uns ja in Zukunft an einer Startlinie bei einem Trailrun, auf einem Sportplatz oder im Büro. Wenn du dir nicht sicher bist, ich bin der, der sowohl auf dem Sportplatz als auch im Büro Turnschuhe trägt. Meist in Rot oder Orange.

DIE SPORTWELT UND DIE BUSINESS-WELT — DIE GEMEINSAMKEITEN ZWEIER WELTEN

Stell dir vor, es ist Montagmorgen und da stehst du — vor deinem Team in der wöchentlichen Kick-off-Sitzung. Du kannst die Müdigkeit in den Augen deiner Mitarbeiter sehen, das leise Seufzen, als du die üblichen PowerPoint-Folien an die Wand wirfst. Ein weiterer Wochenstart, ein weiteres Meeting, in dem du verzweifelt nach der Zündschnur für Motivation und Leistungsbereitschaft in deinem Team suchst, während der echte Funke — der Funke, der ein Feuer entfacht — ausbleibt.

An dieser Stelle solltest du dich einmal fragen, ob du dich selbst so motivieren könntest? Oder besser: Was motiviert dich? Wenn du selbst Sportler bist, motiviert dich bestimmt nicht das Betrachten deines Trainingsplans und wahrscheinlich auch nicht die Aufarbeitung der letzten Trainingserfolge. Was dich motiviert, ist etwas ganz anderes und genau so geht es auch deinem Team. Als Führungskraft ist es deine Aufgabe, diese Motivation in deinen Teammitgliedern zu entfachen. Warum versuchst du also, mit überholten Managementmethoden Gold zu gewinnen, während die Antworten auf echte Spitzenleistung täglich auf Sportplätzen und in Trainingshallen auf der ganzen Welt vorgelebt werden? Also direkt um die Ecke.

Hinterfrage dein eigenes Führungswesen wie ein Trainer die Taktik vor dem entscheidenden Event. In diesem Buch findest du keine ausgetretenen Pfade des Managements, sondern eine frische Spur im Schnee - die Leistungssportmethoden und Leadership geschickt miteinander verbindet.

Ich erinnere mich noch genau an meine erste Überschneidung der Themen und meinen ganz persönlichen Heureka-Moment. Als junge Führungskraft, hungrig nach Wissen und Verbesserung in meinem Unternehmen, steckte ich mitten in den Vorbereitungen für den Transalpine Run – ein siebentägiges Abenteuer, das mich von Deutschland über die Alpen nach Italien führen sollte. Zwischen Trainingsplänen und Projektdeadlines realisierte ich, dass die Planung dieses Laufes mehr mit Projektmanagement gemeinsam hatte, als ich geahnt hatte. Meine Stakeholder – Mutter, Frau, Arbeitskollegen – mussten genauso einbezogen werden, wie das auch für meinen beruflichen Kontext der Fall gewesen wäre. Diese Erkenntnis war der Startschuss für eine Reise, auf der ich die Methoden aus meiner Ausbildung zum Trailguide und Ausdauertrainer direkt in meinen Führungsstil integrierte.

Du fragst dich jetzt vielleicht, welche Auswirkungen das auf meine Führungsmethoden hatte. Nun, meine Teammitglieder, die sich mit diesen Prinzipien identifizierten, erreichten plötzlich Höchstleistungen, weil ich nicht um den heißen Brei der üblichen Führungsmethoden herumtänzelte, sondern die Essenz des sportlichen Erfolgs in meine Arbeit übernahm.

Doch warum sind solche Methoden, die sich im Sport bewährt haben, nicht längst Standard im Management? Die Antwort darauf ist so vielschichtig wie überraschend einfach. Im Berufsleben sind wir oft abhängig von der Leistungsbereitschaft anderer.

Der Grund dafür, dass Führung im Beruf so anders gehandhabt wird als im Sport, ist, dass im Geschäftsleben der eigene Erfolg oft wichtiger als der des Teams zu sein scheint. Doch der wahre Erfolg eines Trainers — und somit der einer Führungskraft — wird an den Leistungen seines Teams gemessen. Im Sport gibt es kein Verstecken hinter Fassaden; es gibt nur das, was am Wettkampftag umgesetzt werden kann, das Erreichen der Ziellinie. Wir sollten diese beiden Welten miteinander verschmelzen, das Beste aus beiden Sphären nehmen und zu einem kraftvollen Führungsstil vereinen.

Dieses Buch richtet sich an dich, als Manager und CEO, an Menschen mit Führungsverantwortung, sportliche Führungskräfte und all jene, die Spitzenleistung in ihrem Team langfristig verankern wollen. Es ist für diejenigen, die ihre Mitarbeiter zu Höchstleistungen motivieren wollen, ohne dabei die menschliche Komponente zu vernachlässigen. Du wirst hier keinen Wohlfühl-Leadership-Ansatz finden, der Erfolg ausschließlich darin sieht, dass sich alle Teammitglieder beim Kaffee in der Kaffeeküche wie die besten Freunde unterhalten. Als Dozent für Sportwissenschaften und Ultra-Läufer erfahre ich regelmäßig, dass ein gutes Klima in einem Team und unter Gleichgesinnten wichtig ist, aber nicht der einzige Erfolgsfaktor ist. Ja, es ist essenziell, dass sich die Mitarbeiter wohlfühlen, aber am Ende des Tages muss erwirtschaftet werden, was ausgegeben wird. Auch die Gehälter. Denn der Erfolg des Unternehmens und der Führungskraft ist immer an den Erfolg der Mitarbeiter gekoppelt. So ist es auch im Sport, kein Trainer trainiert seine Athleten für die Zuschauer und kein Sportler trainiert für seinen Trainer. Der Trainer bereitet den Weg zur Höchstleistung für den Athleten und der Athlet erbringt diese. Somit ist der Erfolg des Athleten, der Erfolg des Trainers und umgekehrt. Und der Erfolg von Athleten und Trainer ist zwangsläufig der Erfolg des Vereins. Und ebendieser Erfolg wird von den Zuschauern bejubelt.

Das verstehe ich nicht nur unter modernem Leadership – ich lebe es. Es geht darum, dich dort abzuholen, wo du gerade stehst. Dir aufzuzeigen, dass die Prinzipien der Superkompensation, Trainingsplanung, des 3-Zonen-Modells des menschlichen Wachstums und des Leistungsaufbaus nicht nur im Sport, sondern auch in Unternehmen Anwendung finden können.

Ich lade dich ein, mit mir eine Reise zu beginnen, eine Reise, die uns entlang der verschwitzten Pfade der sportlichen Disziplin bis zu den verglasten Bürotürmen des Managements führen wird. Während die kühle Logik des Business auf die rohe Energie des Sports trifft, entsteht ein neues Paradigma der Führung – eine moderne Leadership, die nicht nur das Wohlergehen jedes Einzelnen in den Vordergrund stellt, sondern auch die unumstößliche Tatsache, dass letztendlich auch die finanziellen Zahlen stimmen müssen. Als Sportler habe ich gelernt, dass im Sport wie im Leben die Ergebnisse zählen. Kein Marathon wird allein durch gute Absichten gefinisht; es bedarf harter Arbeit, Strategie und eines unerschütterlichen Willens. Und die herausragende Zielzeit ist der Lohn.

Das Gleiche gilt für die Welt des Managements. Wenn Sportler sich auf einen Ultra-Lauf vorbereiten, überlassen sie nichts dem Zufall. Sie planen, sie trainieren, und sie passen sich an. Warum also nehmen wir diese erprobten Prinzipien nicht und wenden sie auch auf die Führung an? In diesem Buch verbinde ich die Führungskomponenten aus dem Sport mit denen des Unternehmertums und nutze dabei die Lektionen des Sports für leistungsförderndes Führungsverhalten. Viele von uns, die

Führungspositionen innehaben und gleichzeitig auch sportlich aktiv sind, kennen den Unterschied im Agieren auf dem Spielfeld, auf den Laufstrecken dieser Welt und im Büro. Nachdem du dieses Buch gelesen hast, gelingt es dir, die Effizienz, die Dynamik und die Ausdauer vom Sportplatz in das Tagesgeschäft im Büro zu überführen.

Stell dir vor, du könntest die Energie eines Sprinters, die Ausdauer eines Marathonläufers und die Taktik eines Schachspielers in deine tägliche Arbeit als Führungskraft einbringen. Das ist kein fernes Ideal, sondern eine umsetzbare Realität, die ich dir in diesem Buch vorstellen werde. Mit den Methoden und Erkenntnissen, die du hier gewinnst, wird es möglich sein, das Fundament für eine neue Art von Erfolg zu legen – für deine Mitarbeiter, dein Unternehmen und nicht zuletzt für dich selbst. Dieses Buch ist dein Trainingsprogramm, dein Coach und dein Wegweiser zu einer Führung, die nicht nur gesund für deine Mitarbeiter und förderlich für das Arbeitsklima ist, sondern die auch die finanzielle Performance deines Unternehmens auf die nächste Stufe heben kann. Mit jedem Kapitel, das du liest, wirst du mehr davon verstehen, wie du die Prinzipien des Hochleistungssports in deine Führungsarbeit einfließen lassen kannst, um ein Umfeld zu schaffen, in dem jeder das Beste aus sich herausholen kann. Wenn du bereit bist, das nächste Level zu erreichen, lass uns diesen Marathon beginnen. Es wird kein leichter Lauf, aber ich verspreche dir, es wird sich lohnen. Bist du bereit? Dann schnür deine Laufschuhe und folge mir auf die Strecke zu einer herausragenden Führungsperformance.

Du tauchst hier nicht einfach in ein Buch ein, du betrittst ein Stadion. Du kannst das Echo deiner Schritte hören, das Raunen der Menge, das Prickeln der Luft, wenn sich Entschlossenheit mit

Erwartung mischt. Und während du dort stehst, lass mich dir zeigen, wie sehr die Welt des Sports und die des Business dasselbe Spielfeld teilen. Dieses Buch dient dir als Nachschlagewerk, das du in deiner Tasche überall hin mitnehmen kannst und schnell zur Hand hast, wenn du etwas wissen möchtest. Der Aufbau des Buches ist so konzipiert, dass jedes Kapitel in sich geschlossen ist und daher unabhängig voneinander betrachtet werden kann. So kann das Buch so gut wie möglich in der Praxis eingesetzt werden.

Alles beginnt mit Höchstleistung. Ob auf der Tartanbahn oder im Sitzungssaal, der Hunger nach Leistung treibt uns alle an. Als Führungskraft kennst du das: Du bist ständig auf dem Feld, dein Geist ist immer im Spiel, und die Herausforderungen enden nie mit dem Schlusspfiff. Dies ist kein 9-to-5-Job – es ist ein 24/7-Engagement, genau wie das eines Sportlers.

Das Umfeld, in dem wir agieren, ist kompetitiv, durch und durch. Jeder Wettbewerb, jede Verkaufszahl, jede Präsentation ist ein Match, das gewonnen werden will. Doch hier liegt ein Kerngedanke, den wir vom Sport lernen müssen: Es geht nicht darum, besser als jemand anderes zu sein – **es geht darum, die beste Version von uns selbst zu werden.** Ein Unternehmen, ein Sportler muss erfolgreich sein, nicht erfolgreicher als der Konkurrent XY.

Im Sport ist die Leistungsentwicklung ein klar definierter Prozess. Trainingseinheiten sind durchdacht, Regenerationsphasen eingeplant, Ernährung und Schlaf werden überwacht. Alles mit dem Ziel, die eigene Leistung Schritt für Schritt zu verbessern. Doch wie sieht es in deinem Unternehmen aus? Wird Leistungsentwicklung mit der gleichen Akribie verfolgt? Wird sie überhaupt verfolgt und gemessen?

Während im Sport Wissenschaft großgeschrieben wird und die Erstellung von Trainingsplänen basierend auf neuesten Forschungsergebnissen statt auf Tradition erfolgt, hinkt die Businesswelt hier hinterher. Wenn es um die Performance von Teams und Mitarbeitern geht, fallen in den Sitzungssälen oft Sätze, wie „Das ist zu akademisch". Dabei vergessen wir aber, dass die meisten unserer Errungenschaften aus der Wissenschaft stammen. Im Sport sind wir uns dessen immer bewusst, im Business nicht.

Die Unterschiede zwischen Leadership und Sport schlagen sich auch im Verhältnis von Trainer zu Sportler und Führungskraft zu Mitarbeiter nieder. Ein Trainer weiß, dass der Erfolg des Sportlers sein eigener Erfolg ist. Er ist Mentor, Kritiker, Unterstützer. In der Führungsetage jedoch wird diese Verbindung manchmal vergessen. Der Mitarbeiter wird zur Nummer, zur Ressource, die es zu managen, nicht zu einem Talent, das es zu fördern gilt.

Führungskräfte erwarten Ergebnisse, ohne immer die individuelle Förderung zu bieten, die für den Mitarbeiter notwendig wäre, um diese Ergebnisse überhaupt erzielen zu können.

Individuelle Exzellenz ist im Sport ein Teil des Gesamterfolgs, doch im Business scheint es oft, als würde diese Exzellenz als Bedrohung für die Harmonie oder gar für die Autorität der Führungskraft wahrgenommen. Dies führt zu einer Kultur, die nicht selten Innovation und persönliches Wachstum unterdrückt, statt sie zu fördern. Jeder Sportler hingegen weiß: **Ohne die Spitzenleistung des Einzelnen gibt es keinen Mannschaftserfolg.** Und die Aufgabe des Coaches ist es, die richtigen Sportler auf die richtigen Positionen zu platzieren, damit sich eine Synergie ergibt. Das ist eine Lektion, die wir gut und gern in das Leadership übernehmen dürfen.

Ich fordere dich auf: Sei nicht nur ein Manager, ein Chef, ein Vorgesetzter. Sei ein Coach, ein Förderer von Talenten, ein Stratege, der die Stärken seines Teams kennt und sie zum Glänzen bringt. Baue eine Mannschaft auf, in der jeder Einzelne weiß, dass seine individuelle Exzellenz der Schlüssel zum Erfolg ist. Der Stern des Teams kann nur in einem kooperativen, unterstützenden Umfeld leuchten.

Die Herausforderung für Führungskräfte besteht also darin, aus diesen Unterschieden und Gemeinsamkeiten zu lernen und zu verstehen, dass die Integration von sportlichen Methoden und wissenschaftlichen Erkenntnissen in das Leadership ungenutztes Potenzial darstellt, das es zu erschließen gilt.

Lass uns gemeinsam daran arbeiten, die Methoden des Sports – diese disziplinierte, wissenschaftlich fundierte, individuell zugeschnittene Herangehensweise an Leistung und Erfolg – in die Welt des Managements zu übertragen. Denn wenn wir das tun, wenn wir wirklich verstehen, wie ähnlich sich diese Welten sind und was wir voneinander lernen können, dann stehen uns alle Türen offen. Das erste Kapitel ist der Startschuss. Die Startblöcke sind platziert, dein Blick ist fest nach vorn gerichtet. Bist du bereit? Gut. Denn es wird Zeit, dass wir loslegen.
Gemeinsam, als Team. Auf die Plätze...

WAS IST DEINE SPORTART UND WAS IST DEIN TRAININGSPROGRAMM?

Was ist deine Sportart? Das ist keine Frage, die sich ausschließlich Athleten stellen sollten. Auch als Führungskraft, in deinem beruflichen Wirken, ja in deinem ganzen Leben, bist du täglich am Leisten.

- Bist du ein **Sprinter**, für den jede Hundertstelsekunde zählt und der schnelle Ergebnisse sehen will?

- Bist du ein **Marathonläufer**, der Ausdauer beweist und das weite Ziel fokussiert?

- Oder bist du ein strategischer **Schachspieler**, der jede Entscheidung minutiös abwägt?

Dein Feld definiert die Regeln, aber dein Training und deine Taktik bestimmen den Ausgang.

Klare Ziele und Visionen

In der Sportwelt sind **klare Ziele und Visionen** von entscheidender Bedeutung. Sportler, egal ob er für Olympia trainiert oder sich auf seinen ersten 5-km-Lauf vorbereitet – sie alle haben ein Ziel, das sie verfolgen. Denn Ziele fungieren nicht nur als Leitfaden, sondern dienen auch als Antriebskraft sowie Maßstab für kontinuierliche Verbesserung und Spitzenleistungen. Denn wenn du nicht weißt, was du erreichen möchtest, kannst du schließlich auch nicht beurteilen, ob du dich verbessert oder verschlechtert hast. Du siehst eben nicht, wie weit das Ziel noch entfernt liegt oder ob du dich auf das Ziel zu oder von ihm weg bewegst.

Neben klaren Zielen ist auch die Vision eines Athleten unglaublich wichtig, damit er sich immer wieder motiviert, auch an Tagen, an denen er keine Lust auf das Training hat. Aber auch in schwierigen Zeiten, wenn sich ein Sportler beispielsweise verletzt und länger nicht trainieren kann, unterstützt der Fokus auf die eigene Vision, ein Tief zu überstehen und niemals aufzugeben. Wenn wir genau das jetzt auf die Businesswelt übertragen, merken wir, dass es im Grunde komplett gleich ist. Denn auch hier sind Ziele und Visionen von zentraler Bedeutung, um motiviert und fokussiert zu bleiben sowie um Erfolge und Fortschritte überhaupt messen zu können.

Nun stell dir die Frage: Was ist deine Vision und dein großes Ziel, das du zusammen mit deinem Team erreichen möchtest? Das ist das Ziel, für das du morgens aufstehst, der Grund, warum du und dein Team sich jeden Tag aufs Neue ins Zeug legen. Ist es das Wachstum deines Unternehmens, die Entwicklung deines Teams, deine persönliche Weiterentwicklung? Ohne Ziel wirst du nicht gewinnen. Du musst also zuerst wissen, wo du hin willst. Wenn du das weißt, dann schau in den Spiegel. Siehst du den Ehrgeiz und die Motivation in deinen Augen, dann weißt du, wie du auch deine Mitarbeiter genau damit anstecken kannst.

Wenn Du ein Schiff bauen willst, dann trommle nicht Männer zusammen, um Holz zu beschaffen, Aufgaben zu vergeben und die Arbeit einzuteilen, sondern lehre die Männer die Sehnsucht nach dem weiten, endlosen Meer.

- Antoine de Saint-Exupéry

Regelmäßiges Training

Um im Sport erfolgreich zu sein, solltest du nicht auf den perfekten Moment warten, denn dieser wird nicht kommen. Stattdessen solltest du ihn selbst kreieren. Erfolg ist kein Glücksspiel. Er ist das Ergebnis von Schweiß, Tränen und manchmal auch Schmerz. Um erfolgreich zu sein, kommt man um harte Arbeit nicht herum. Ein Athlet setzt dabei auf konsequentes Training, nicht auf Glück. Dabei ist es nicht die Trainingsstrategie oder Taktik, die dem Sportler hilft, besser zu werden. Es ist die Vision von sich selbst, klare Richtlinien und der eiserne Wille, das umzusetzen, was ihn seiner Vision näherbringt.

Egal, ob Manager oder Athlet, man bekommt nur das als Ergebnis, was man auch bereit ist, hineinzustecken. Erfolgreiche Athleten wissen, dass Trainingseinheiten zum Erreichen des eigenen Ziels beitragen und sind sich daher auch bewusst, dass jede ausgelassene Einheit, weil man ins Kino gehen will oder der Burger bei

McDonalds zwar kein Weltuntergang ist, sie aber ihrem Ziel nicht näherbringt.

Ich selbst analysiere regelmäßig den Fortschritt meiner Athleten. Und wenn ich Auffälligkeiten sehe, dann spreche ich sie darauf an. Es sind **ihre** Ziele, die sie verwirklichen wollen und es sind **ihre** Visionen. Doch als Trainer bin ich auch ihr Gewissen. Wer einen Trainer hat, der kann sich darauf verlassen, dass dieser die ungeschönte Wahrheit bei der nächsten Leistungsdiagnostik oder Trainingsevaluation aufdeckt. Wer keinen Trainer hat, sollte mit einem Partner einen Leistungsvertrag abschließen, in dem auch Strafen für fehlende Leistungsbereitschaft festgehalten sind. Da es in der menschlichen Natur liegt, dass **Ausreden das meiste Gehör bei dem finden, der sie ausspricht**, ist dieses Vorgehen der beste Weg, keine Ausreden gelten zu lassen. In der Info-Box nach diesem Kapitel findest du einen abgewandelten Selbstvertrag / Leistungsvertrag, den du für deine beruflichen Ziele nutzen kannst.

Wer keine Motivation hat etwas zu tun, es trotzdem tut, der ist motiviert. Disziplin ist wichtiger als Motivation.

Genauso wie regelmäßiges Training für den Athleten unerlässlich ist, ist kontinuierliche Weiterentwicklung das A und O für dich als Führungskraft. Emotional intelligente Führung, ständige Weiterbildung und Selbstreflexion sind dein Training für den beruflichen Erfolg. Und jetzt stelle dir selbst die entscheidende Frage: Bist du so sehr in deinen täglichen Aufgaben verstrickt, dass du keine Zeit mehr für die eigentliche Führung und Vision findest? **Gute Führung heißt, ein Gleichgewicht zu halten zwischen dem operativen Geschäft und dem Blick für das große Ganze.** Jeden Tag Kämpfe zu führen, bedeutet noch lange nicht, sie auch zu gewinnen. Ohne Training kein Fortschritt, ohne Fortschritt kein Erfolg.

Nur durch konstantes, zielgerichtetes Training entwickelst du die Fähigkeiten, die dich von anderen unterscheiden. Deine individuelle Exzellenz macht den Unterschied, ob dein Team gewinnt oder verliert.

Du siehst nun, wie eng Sport und Leadership miteinander verwoben sind. Jede Trainingseinheit, jede Herausforderung auf der Strecke, jede Sekunde, die du dir abverlangst, um besser zu werden — das ist das Herz deiner Führungsarbeit. Führen heißt trainieren, heißt wachsen, heißt Grenzen verschieben, und zwar nicht nur deine eigenen, sondern auch die deines Teams.

Nutze die Ausdauer deines inneren Marathonläufers, die Schnelligkeit deines Sprinters und die Taktik deines Schachspielers, um deine Führungskompetenzen zu schärfen. Führe deine Mitarbeiter mit der Präzision eines Coaches, mit dem Einfühlungsvermögen eines Teamkollegen und mit dem unbeirrbaren Willen eines Champions.

Und vergiss nicht: Deine Rolle als Führungskraft ist ein kontinuierlicher Wettkampf, ein tägliches Training, in dem du für dich und dein Team den Kurs festlegst. Erkenne deine Stärken, arbeite an deinen Schwächen und feiere deine Erfolge — denn so wie im

Sport liegt im Leadership das wahre Gold nicht im Sieg, sondern im Streben danach. Im nächsten Kapitel verrate ich dir, was du dir als Führungskraft von den Trainern dieser Welt abschauen und in deine Leadership mitnehmen kannst.

01   INFO-BOX

Wie versprochen, erhältst du hier deinen Selbstvertrag / Leistungsvertrag, den du dir auch gern über den folgenden QR-Code runterladen und anschließend ausdrucken kannst.

Ich, [vollständiger Name] treffe mit mir am [aktuelles Datum] ein Abkommen. Ich verpflichte mich mir selbst gegenüber und [hier setzen Sie das Höchste ein, woran Sie glauben] _____ gegenüber im Umfang von _____ [Zeit pro Woche einsetzen] an meinem Herzensprojekt _____ _____ [Titel einsetzen]zu arbeiten.

Mein/e Vertragspartner/in ist _____.

Er oder sie wird alle _____

[zeitl. Abstand eintragen] Folgendes _____ _____ tun/erhalten [tragen Sie hier Ihre Vereinbarung ein].

Dieses Projekt ist mir unglaublich wichtig, weil _____ [trage hier deine Beweggründe, Motive ein]. Mein Mottoziel _____ [Haltungsziel] hilft mir täglich, mich neu zu motivieren, denn ich weiß, es geht um meine Entwicklung und mein erfülltes Leben.

Ich halte mich an meinen Plan und aktualisiere ihn regelmäßig. Ich weiß, dass ich handeln und mein Leben gestalten werde, weil ich auch weiß, dass das niemand anderes für mich tun wird. Ich feiere meine erfolgreichen Zwischenschritte und belohne mich für Aufgaben, die mir richtig schwergefallen sind.

Mein Veränderungs-Ich schafft es, mein inneres Team so zu führen, dass es bei meinem Herzensprojekt mitmacht.
Seine Hauptbotschaft ist _____ _____
_____ . Gemeinsam schaffen wir auch große Herausforderungen.

Ich weiß, dass ich genügend Unterstützung aus meinem Umfeld erhalten und ausreichend finanzielle Mittel zur Ausführung meines Ziels zur Verfügung haben werde. Dazu öffne ich mich und ergreife alle Chancen und Möglichkeiten, die sich mir auf meinem Weg zeigen.

Ich bin stolz auf mich, dass ich jetzt meinen Traum lebe.

_____

[Ort, Datum, Unterschrift]

KAPITEL 2

TRAINER HABEN HOHE STANDARDS —
MAN BEKOMMT, WAS MAN TOLERIERT

Du stehst am Spielfeldrand. Dein Blick ist fest. Du spürst die Energie deines Teams. Die Vorbereitung war intensiv, die Strategie klar. Jetzt ist es an der Zeit, deine Spieler auf das Feld zu schicken, mit einer Haltung, die nur eines kennt: höchste Standards. Dein Spielfeld als Führungskraft ist dein Unternehmen. Die Tribünen sind voll, die Stakeholder, die Kunden, die Mitarbeiter — sie alle warten darauf, dass du die Führung übernimmst. Sie warten auf Signale, auf deine Stimme, auf deine Standards. Und hier liegt der Knackpunkt: Du bekommst das, was du tolerierst. In diesem Kapitel möchte ich mit dir aufzeigen, was du von Sport-Coaches lernen kannst, die kein Mittelmaß akzeptieren.

Bevor wir aber auf die einzelnen Erkenntnisse eingehen, möchte ich dir kurz noch eine Geschichte erzählen. Während meines Studiums habe ich nebenher als Schwimmtrainer gearbeitet. Jedes Semester begann der Schwimmkurs von Neuem. Leider gab es immer mehr Teilnehmer, als Platz auf der Bahn vorhanden war. Daher habe ich, um die Spreu vom Weizen zu trennen, in den ersten drei Wochen meines Kraulkurses nur Kraulbeine üben lassen. Warum? Aus genau zwei Gründen:

1. Die Kraulbeine sind die Grundlage für eine gute Wasserlage und eine stabile Rotation beim Schwimmen.

2. Nur wer wirklich Interesse daran hat, Kraulen zu lernen, bleibt drei Wochen in einem Schwimmkurs, in dem man die ersten Wochen nur den Kraulbeinschlag übt.

Nach drei Wochen hatten einige Teilnehmer bereits aufgehört und es blieb immer ein harter Kern übrig, mit dem die Arbeit an den Kraul-Armen weitergehen konnte. Die gute Nachricht dabei ist aber: Einige meiner damaligen Schwimmer haben inzwischen Ironman Distanzen mit persönlichen Schwimm-Bestleistungen absolviert und es gab auch viele, die Semester um Semester wieder gekommen sind, da ihnen ihr eigener Erfolg wichtiger war, als die harte Schule der Kraulbeine in den ersten drei Wochen.

Es waren mein Pool und meine Regeln, wo ich den Maßstab gesetzt habe. Genau das ist deine Aufgabe als Coach. Es ist aber nicht deine Aufgabe, von jedem gemocht zu werden oder der beste Freund zu sein. Auch wäre es verkehrt, jeden einzelnen Teilnehmer mit viel Mühe vom „Dranbleiben" zu überzeugen.

Meine persönliche Erfahrung ist: Die besten Coaches in meinem Leben waren immer „harte Hunde". Sie waren nicht hart, weil sie mir nichts Gutes wollten. Sie waren hart, weil sie mein Bestes wollten. Das habe ich mir selbst auf dem Sportplatz und im Berufsleben angeeignet. Die Wahrheiten, die keiner ansprechen möchte, sind meist auch die, die den größten Mehrwert bringen.

Ich habe mit einer sehr talentierten und ambitionierten Ultra-Trailläuferin gearbeitet. Sie ist bereits mehrere Ultra-Trails gelaufen, bevor wir uns kennenlernten und ich war noch recht neu auf den Trails und den ultra-langen Distanzen. Trotz ihrer Erfahrung hatte sie bei allen Wettkämpfen unterschiedlichste Probleme. Bergauf musste sie häufig stehen bleiben und nach 5 – 6 Stunden wurde ihr schlecht oder sie bekam Magenprobleme. Als unerfahrener Ultra-Athlet hatte ich kein Recht, ihr zu sagen, was sie ändern sollte. Doch als erfahrener Coach habe ich ihr ein paar Fragen gestellt und wir sind schnell auf die 2 Problemfelder gekommen: Atmung und Ernährung.

Bergauf war ihre Atmung unregelmäßig und in Wettkämpfen hat sie häufig vergessen, in regelmäßigen Abständen zu trinken und zu essen. Daher habe ich ihr vor ihrem nächsten Wettkampf auf ihre linke Hand „atmen" und auf ihre rechte Hand „trinken" geschrieben. Sie hasste mich dafür, dass ich ihr alle 15 Minuten „trinken" zugerufen habe. Sie wollte häufig nicht trinken, wenn ich es ihr gesagt habe. Aber sie tat es. Bergauf hat sie darauf geachtet, dass sie noch ihre Schritte hört, und nicht nur das Atmen. Ihr nächster Wettkampf war fast Vorfall-frei. Nun ja, so Vorfall-frei, wie ein Ultra-Trail sein kann.

Standards setzen

Im Sport duldet ein Trainer keine Ausreden. Die Latte liegt dauerhaft hoch. Warum? Weil im Sport jeder Millimeter, jede Sekunde zählt. Auch im Business solltest du klare Standards setzen. Höre auf, dir darüber Gedanken zu machen, den Leuten auf die Füße zu treten. Indem du klare Standards kommunizierst, schaffst du eine Kultur der Exzellenz. Halte deine Standards auf einem Blatt Papier fest.

Kommunikation ist der Schlüssel

Du hast den ersten Schritt getan und deine Standards für dich festgelegt. Im nächsten Schritt ist es wichtig, diese auch mit deinem Team zu kommunizieren. Bleibt diese Kommunikation zwischen Trainer und Sportler aus, wäre das ungefähr so, als würdest du mit einer Mannschaft für die Olympischen Spiele trainieren und ein Teil deiner Mannschaft macht die Nacht durch, die anderen kommen immer unpünktlich zu den Trainingseinheiten. Das würde im Chaos enden. Alle Kadersportler wissen daher, „der Trainer macht die Regeln und alle Sportler müssen sie befolgen".

Niedrige Standards zu haben, bedeutet aber auch, dass du in deiner Komfortzone bleibst, wenn auch nur kurzfristig. Du begnügst dich mit dem, was gerade so durchgeht, was gerade so reicht. Es ist immer einfacher, Konflikten aus dem Weg zu gehen, anstatt auf langfristige Verbesserung zu setzen, denn das kann auch schmerzhaft sein, doch ist das ein wichtiger Teil des Prozesses zur Höchstleistung.

Vorleben der Standards

Coaches fordern nicht nur heraus, sie führen mit Beispiel. Sie leben Disziplin, Hingabe und Detailverliebtheit vor. Du kannst von deinem Team nicht erwarten, pünktlich zu sein, wenn du selbst ständig zu spät kommst. Du kannst auch kein Engagement verlangen, wenn du selbst die erste Gelegenheit zum Ausruhen ergreifst. Du selbst musst der Inbegriff der Standards sein, die du setzen willst. Deine Integrität ist dein Kompass. Nur wenn du selbst als gutes Vorbild vorangehst und deine Mitarbeiter spüren, wie sehr du für deine Standards brennst, sie verinnerlichst und lebst, werden sie dir mit Motivation folgen.

Du bist der aktuelle Stand

Kein Coach dieser Welt verbietet seinen Athleten Fast Food zu essen, während er gerade aus seiner eigenen McDonalds-Tüte seinen zweiten Big Mac zieht. Die Trainer, die beispielsweise morgens früh aufstehen, um mit ihren Athleten die Early-Bird-Session zu machen, geben nicht vor, dass frühe Trainingseinheiten wichtig sind und warten auf die Athleten im warmen Bett. Sie stehen auf und stellen sich mit ihren Athleten auf den Sportplatz.

Als Coach bist du also der Maßstab deiner Athleten. Wenn du hohe Standards hast, ziehst du hohe Leistungen nach. Dein Team wird sich an dir orientieren. Sie werden wachsen, weil du vorangehst und sie förmlich mitreißt. Führungsstärke zeigt sich nicht nur in guten Zeiten. Gerade in Momenten der Herausforderung, wenn der Druck steigt und die Stimmung kippen könnte, ist es deine Verantwortung, Stabilität auszustrahlen und manchmal auch der „Fels in der Brandung" zu sein. Deine Standhaftigkeit gibt dem Team die nötige Sicherheit, um sich auf die gesteckten Ziele zu fokussieren und auch Rückschläge zu überwinden.

Keine Kompromisse

Im Sport gibt es kein „Das geht auch so, ohne die wichtigen Einheiten". Jedes Training, jeder Pass, jeder Laufweg zählt. Auch für dich als Führungskraft gilt: Es gibt keine Abkürzungen zu einem leistungsstarken Team. Akzeptiere keine halben Sachen, keine faulen Kompromisse. Deine Haltung und Einstellung bestimmen die Höhe deiner Ergebnisse. Du bekommst nur das zurück, was du hineinsteckst.

Du musst im Dunkeln hart arbeiten, um im Licht zu leuchten.

– Kobe Bryant

Die Kenntnis über die individuellen Stärken und Schwächen deiner Teammitglieder ist auch im Business unerlässlich. Ein effektives Team ist das Ergebnis von gezielter Förderung und Forderung jedes Einzelnen. Investiere also in deine Mitarbeiter und knüpfe daraus ein starkes Netzwerk des Vertrauens und der Kompetenz. Du sollst keine unrealistischen Ziele setzen, sondern das Potenzial in deinen Mitarbeitern erkennen und sie bestärken, es voll auszuschöpfen. Dazu gehört auch, das Verständnis zu wecken, dass Fehler gemacht werden dürfen — solange daraus gelernt wird und sie nicht zur Gewohnheit werden.

Hohe Standards spornen zu Höchstleistungen an. Im nächsten Kapitel möchte ich jedoch einen entscheidenden Faktor beleuchten, der sowohl im Sport als auch in der Unternehmensführung den Unterschied zwischen guter und herausragender Leistung ausmacht: das Gleichgewicht zwischen Höchstleistung und notwendiger Erholung. Wie ein Athlet, der nach einem intensiven

Training seine Muskeln ruhen lassen muss, benötigen auch unsere Teams und wir selbst Phasen der Regeneration, um zu verhindern, dass wir ausbrennen und um auf einem Spitzenlevel performen zu können.

Die Bedeutung der Erholung kann nicht hoch genug eingeschätzt werden. Sie ist das Yin zum Yang der Anstrengung, der ruhige Pol, der die notwendige Balance zur Anspannung und Aktivität herstellt. Vom richtigen Timing für Pausen bis hin zum Wechsel zwischen Komfort- und Wachstumszone – wir tauchen im folgenden Kapitel in die Kunst ein, Höchstleistung nicht als Sprint, sondern als Marathon zu betrachten.

STANDARDS

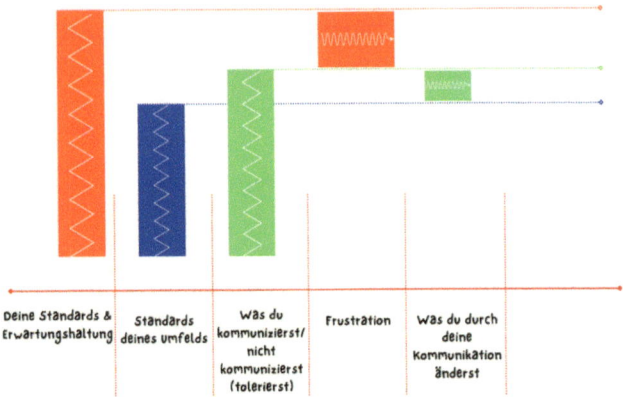

Deine Standards & Erwartungshaltung | Standards deines Umfelds | Was du kommunizierst/ nicht kommunizierst (tolerierst) | Frustration | Was du durch deine Kommunikation änderst

Die Standards, die du hast, sind nicht immer die Standards, die du auch kommunizierst, ob direkt oder indirekt. Das, was du tolerierst, zeigt anderen, was deine Minimalstandards sind. Wenn du also Standards hast wie Pünktlichkeit oder Ehrlichkeit und Unpünktlichkeit unkommentiert durchgehen lässt bzw. jede
Ausrede gelten lässt, dann ist das der Standard, den du tolerierst. Je mehr du unausgesprochen tolerierst, desto größer wird deine Frustration, da sich die Leute nicht an die Standards gewöhnen, die du hast, sondern an die, die du tolerierst.

KAPITEL 3

ERHOLUNG UND HÖCHSTLEISTUNG

Du kennst es wahrscheinlich vom Laufen oder du kennst es aus dem Fitnessstudio: Nach jedem intensiven Training folgt eine Phase der Erholung. Das ist kein Zeichen von Schwäche, sondern ein **kluges Periodisierungskonzept**, das darauf abzielt, die **Leistungsfähigkeit des Sportlers zu steigern**. Diese kluge Herangehensweise lässt sich natürlich auch in die Berufswelt und deine Führungsstrategie übertragen.

Periodisierung und Zyklisierung sind nicht nur Buzzwords aus der Welt des Sports, sondern kraftvolle Werkzeuge für nachhaltige Höchstleistung. Das Konzept der Periodisierung ist sehr ähnlich dem 3-Zonen-Modell des Wachstums aus der Persönlichkeitsentwicklung und der Führungstheorie. Es beschreibt die verschiedenen Bereiche, in welchen sich eine Person bewegt, während sie sich verändert.

Die 3 Zonen sind folgend:

1. **Die Komfortzone:** Diese Zone ist der Bereich, in dem sich eine Person sicher und wohlfühlt und sich in ihrer Routine

befindet. Sie weiß, welche Aufgaben sie zu erledigen hat und diese fallen ihr auch nicht schwer.

2. **Die Lernzone:** Dieser Bereich wird auch als *Wachstums- oder Risikozone* bezeichnet, denn hier überschreitet die Person ihre Komfortzone. Es kommen neue Aufgaben auf sie zu, die herausfordernd sind.

3. **Die Panikzone:** In dieser Zone steht eine Person unter starkem Stress, weil für sie in diesem Bereich alles fremd ist und sie sich mit schwierigen Aufgaben überfordert fühlt.

In der Sportwissenschaft und -praxis gibt es ein ähnliches Konzept – das Konzept der **Superkompensation.** Hier wird der Sportler gezielt für einen gewissen Zeitraum über das gewohnte Maß hinaus belastet, also Trainingsreizen ausgesetzt. Nach einer kontrollierten Belastungsphase setzt eine Entlastungsphase ein. Diese Zusammensetzung nennt man Zyklisierung. Du kannst es dir wie einen Longrun bei Ausdauerläufern vorstellen, der am Wochenende absolviert wird. Darauf folgt meist ein Ruhetag am Montag. In vielen Trainingsplänen ist auch nach drei Wochen mit ansteigender Belastung eine Erholungswoche vorgesehen, in der zwar weiter trainiert wird, aber nicht über das Maß hinaus, was für den Körper des Sportlers einfach zu verkraften ist.

Das **3-Zonen-Modell** des menschlichen Wachstums ist sehr statisch. Durch die Verbindung mit dem Konzept der Superkompensation können die einzelnen Zonen inklusive der Übergänge zwischen den Zonen genutzt werden: Es gibt also Zeiten der Anstrengung, der Stabilität und Erholung und Zeiten, in denen man Überforderung empfindet. Jede dieser Phasen ist essenziell und kann nicht einfach weggelassen werden. Du musst dich immer wieder in deine Komfortzone zurückziehen können, um zu regenerieren.

Mit jeder Herausforderung dehnt sich deine Komfortzone aus. Was heute Stress verursacht und dich an deine Grenzen bringt, kann in einem Jahr Teil deiner Routine sein, die dir leicht von der Hand geht. Als Führungskraft besteht deine zentrale Aufgabe darin, das Team oder die Organisation aus der Komfortzone in Bereiche des Wachstums zu führen und aus dem Chaos Struktur zu schaffen. Wie wir alle wissen, bedeutet absoluter Komfort Stillstand. Nur wer bereit ist, sich ständig weiterzuentwickeln und neue Herausforderungen anzunehmen, wird langfristig erfolgreich sein. Dies erfordert eine Kultur, in der Veränderung und kontinuierliche Verbesserung als Chancen begriffen werden.

Der Bereich am Rand von Wachstum und Chaos, wo wir uns ausdehnen und Neuland erobern, dort ist natürlich das Meiste an Erfolg zu holen. Aber auch das größte Risiko. Als Führungskraft ist es deine Aufgabe, ein Auge darauf zu haben, dass deine Mitarbeiter nicht ständig im Chaos leben. Sie benötigen Zeiten – ja, auch unter der Woche –, in denen sie in ihre Regenerationszone zurückkehren können. Balance ist hier ganz klar der Schlüssel.

Im Sport gibt es zwei Prioritäten: gesund bleiben und qualitativ trainieren, um besser zu werden. Verletzungen sind der größte Feind des Athleten. Ebenso ist es im Management: Wer die Gesundheit – physisch wie psychisch – nicht pflegt, der kann noch so ehrgeizige Ziele verfolgen, der Erfolg wird nicht nachhaltig sein.

Was können wir also von den Sportlern lernen? Sie nutzen das **Modell der Superkompensation.** Nach einer intensiven Belastung, wenn die Erholungsphase einsetzt und der Körper wieder aufgebaut wird, erreichen sie ein neues Leistungsniveau. Stell dir vor, du könntest dieses Prinzip auf deine Mitarbeiter anwenden: Eine Phase harter Arbeit, gefolgt von einer bewussten Erholungsphase, die nicht nur die Energiereserven auffüllt, sondern auch das Niveau der Teamleistung auf ein neues Hoch bringt.

Du solltest die Zeiten für Regeneration genauso ernst nehmen wie die der Arbeit. Ermögliche deinem Team, sich zurückzuziehen und zu erholen, und du wirst sehen, wie die Produktivität, Kreativität und Motivation steigen. Erinnere dich und dein Team daran:

Ruhe ist keine Zeitverschwendung, sondern eine Investition in künftige Höchstleistungen.

„Viel hilft viel" ist ein Credo, das oft zum Erfolg führt. Aber zu viel? Das kann natürlich ganz schön nach hinten losgehen. Ich musste das selbst auf die harte Tour lernen: Während der Vorbereitung auf meinen ersten Ironman trainierte ich bis zu 30 Stunden die Woche, jonglierte Studium und Arbeit nebenher. Unzählige Stressoren waren meine ständigen Begleiter im Alltag. Nach Monaten intensiven Trainings lief ich plötzlich Spitzenzeiten — ein Durchbruch schien erreicht, ich glaubte, auf dem Gipfel meiner Leistungsfähigkeit angekommen zu sein. Doch ein Gespräch mit meinem Sportdozenten aus der Uni brachte eine Wendung: „Könnte es Übertraining sein?", fragte er mich.

Ich war überzeugt, Übertraining bedeutet Leistungseinbruch, ständige Müdigkeit, einen Puls, der verrücktspielt. Aber er öffnete mir die Augen für die vielschichtigen Gesichter des Übertrainings. Eine davon: Mein vegetatives Nervensystem war so abgestumpft, dass es die Anstrengung des Sports nicht mehr registrierte. Eine untypische Herzfrequenz während der Übungen bestätigte seine Vermutung. Resultat: mehrere Wochen Trainingspause und Urlaub von der Arbeit. Diese Zeit nutzte ich, um zu lernen, auf meinen Körper zu hören.

Die Lektion ist klar: „Viel hilft viel" gilt nicht uneingeschränkt. Überbelastung kann in Übertraining münden, und das chronisch — das ist der direkte Weg zum Burn-out. Regeneration ist kein optionaler Luxus, sie ist notwendig, um Leistungssteigerungen zu ermöglichen und zu erhalten. Im Beruf, wie im Sport, sind es keine großen Sprünge, die uns voranbringen, sondern die stetige, kontinuierliche Entwicklung.

Deshalb ist es so wichtig, zu reflektieren: Wie kam es zu dem Punkt der Überlastung? Was waren die Warnsignale?

Wie im Training, so ist es auch im Job: Ohne bewusst eingeplante Pausen kann keine dauerhafte Leistungssteigerung stattfinden. Erst die Pause ermöglicht es, das maximale Pensum zu erreichen und danach erneut durchzustarten – erholt und bereit für neue Herausforderungen.

Stelle sicher, dass du und deine Teammitglieder nicht in die Falle des chronischen Übertrainings tappen. Achte auf die Balance zwischen Arbeit und Erholung. Indem du die Bedeutung von Regeneration anerkennst und sie aktiv einplanst, schützt du dich und deine Mitarbeiter vor dem Burn-out und sicherst langfristig den Erfolg deines Teams. Denn nur wer klug trainiert und seine Grenzen respektiert, kann seine Leistungsfähigkeit nachhaltig steigern und erhalten.

Im Sport wie im Berufsleben ist es oft klüger, die Frequenz von Handlungen zu steigern, bevor man deren Umfang erweitert. Beim Ausdauerlauf bedeutet dies, sich auf eine Vielzahl kleiner Schritte zu konzentrieren, um eine höhere Schrittfrequenz zu erzielen, anstatt mit wenigen großen Schritten die Energieeffizienz zu mindern. Kleine Schritte ermöglichen es, die eingesetzte Energie aufzuteilen und gewähren jedem Bein und Fuß längere Erholungszeiten in der Luft. Dieses Prinzip lässt sich auch auf das Training übertragen: Kurz und intensiv trainieren statt seltener, aber länger führt oft zu besseren Ergebnissen.

In der beruflichen Entwicklung ist der Ansatz ähnlich: Stetiges Streben nach Verbesserung und regelmäßiges Überprüfen der Fortschritte kann effektiver sein als seltene, aber großangelegte

Anstrengungen. Kleine, kontinuierliche Schritte erlauben es, häufig zu reflektieren und Anpassungen vorzunehmen: Bin ich auf dem richtigen Weg? Passt die Herangehensweise noch? Im Berufsleben bezeichnet man dieses Vorgehen häufig als „agil". Wer agil arbeitet, sollte jedoch immer darauf achten, dass der Kerngedanke – nämlich kleine Schritte in Richtung des Ziels mit regelmäßigen Überprüfungen, ob man in die richtige Richtung geht – nicht zugunsten der Agile-Laziness verloren geht. Selbst wenn manche Zwischenziele verfehlt werden, unterstützen die vielen kleinen Erfolge das Erreichen des übergeordneten Ziels, wie den Abschluss eines Projektes.

Selbstwahrnehmung im Sport und Management: Unterschätzung versus Überschätzung

Es ist faszinierend, sich mit Menschen auseinanderzusetzen, die ihre eigenen Fähigkeiten nicht richtig einschätzen können. Ein Beispiel dafür ist Laura, eine frühere Sportstudentin und Mutter von zwei Kindern, die zu mir kam, um sich auf einen 3-km-Firmenlauf vorzubereiten. Obwohl ich aufgrund ihrer sportlichen Vorgeschichte überzeugt war, dass sie die Herausforderung leicht meistern würde, kämpfte Laura überraschenderweise mit dem Training und zweifelte stark an sich selbst, trotz eines wohlüberlegten Trainingsplans.

Im Gegensatz zu Marathonvorbereitungen, wo man niemals die volle Distanz vor dem Wettkampf läuft, entschieden wir uns, die gesamte 3-km-Strecke im Training zu absolvieren. Eine Woche vor dem Lauf ermutigte ich Laura zu einem Testlauf und sorgte dafür, dass sie sich um nichts kümmern musste. Nach dem ersten Kilometer begann ich, sie bewusst zu täuschen, um ihr Selbstvertrauen zu stärken: Ich lobte sie für angeblich zurückgelegte 500 Meter, obwohl sie bereits einen Kilometer gelaufen war. Als wir schließlich bei 5,5 km ankamen, behauptete ich scherzhaft, meine Uhr sei defekt, und ermutigte sie, 6 km zu laufen – doppelt so weit, wie eigentlich für ihren Firmenlauf eingeplant waren. Trotz eines kurzen Moments des Unmuts verstand Laura meine Absicht und übertraf ihre eigenen Erwartungen.

Die Arbeit mit Selbstunterschätzern wie Laura offenbart, wie viel mehr in ihnen steckt, als sie selbst vermuten. Durch diese Erfahrung konnte Laura den Firmenlauf mit Leichtigkeit und Freude absolvieren. Die Herausforderung für einen Coach oder Manager besteht darin, ein solches Umfeld zu schaffen, in dem sowohl leistungsorientierte als auch unsichere Menschen sich entfalten können, ohne den Druck zu spüren. **Dabei gilt es, Mut zu fördern, wo Zweifel herrschen, und Demut zu lehren, wo Übermut droht**. Ein effektives Bewertungssystem, das Erfolge sichtbar macht und feiert, kann dabei helfen, die Balance zwischen Ansporn und Überforderung zu wahren und jeden Einzelnen zu bemerkenswerten Leistungen zu führen.

03   INFO-BOX:

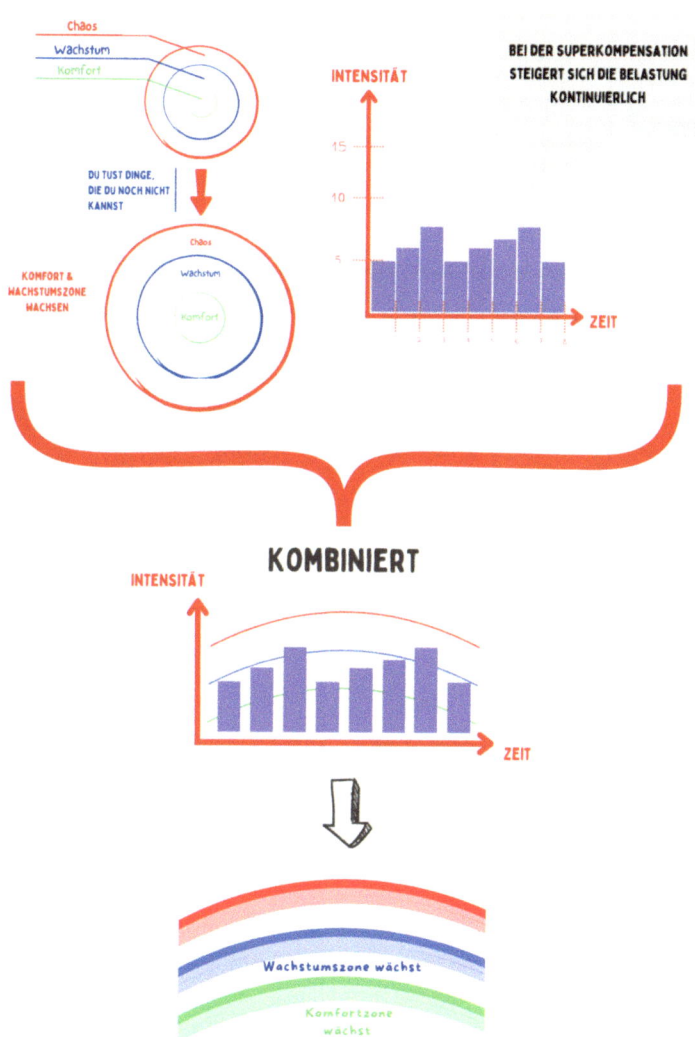

3-ZONEN PERSÖNLICHES WACHSTUM & SUPERKOMPENSATION

Chaos

Wachstum

Komfort

INTENSITÄT

BEI DER SUPERKOMPENSATION
STEIGERT SICH DIE BELASTUNG
KONTINUIERLICH

15

10

5

DU TUST DINGE,
DIE DU NOCH NICHT
KANNST

Chaos

Wachstum

Komfort

KOMFORT &
WACHSTUMSZONE
WACHSEN

ZEIT

KOMBINIERT

INTENSITÄT

ZEIT

Wachstumszone wächst

Komfortzone
wächst

Das 3-Zonenmodell des menschlichen Wachstums und die Periodisierung im Sport ergänzen sich perfekt. In der Grafik wird dargestellt, wie du durch die periodische Anwendung von Belastung und Entlastung (oben rechts in der Grafik) deine Komfortzone und deine Wachstumszone vergrößerst. So kann durch stetiges Anwenden der Periodisierung deine Komfortzone wachsen und etwas, das dir zu Beginn schwergefallen ist, ist plötzlich Teil deiner Komfortzone. Laufanfänger beginnen häufig mit einem „Couch to 5k" Trainingsplan, um die ersten 5 km am Stück laufen zu können. 1 Jahr später sind 5 km ein normaler Bestandteil ihres Trainingsalltags. Im Job gibt es auch immer wieder Tätigkeiten, die zu Beginn schwer erscheinen, aber dann zur Routine werden. Durch die systematische Anwendung der periodisierten Belastung und Entlastung kannst du das einfach anwendbar machen. Fazit: Pausen helfen beim Wachsen und kontrolliertes Wachstum hilft, nicht in die Panikzone zu kommen.

KAPITEL 4

VISION IM SPORT: DER BESTE WERDEN, DER MAN SEIN KANN

Nach dem Transalpine Run und meinem ersten Ironman erlebte ich einen unerwarteten Einbruch. Plötzlich fand ich mich in einem Zustand wieder, in dem ich keine Trainingseinheit mehr aufnehmen konnte oder wollte. Meine Motivation war zuvor das Rennen selbst gewesen, die unmittelbare Herausforderung und das Adrenalin des Wettbewerbs. Ich hatte jedoch keine langfristige Vision für mich als Athleten — es fehlte mir an einem übergeordneten, beständigen Ziel, das über das einzelne Event hinausging.

Diese Erfahrung war vergleichbar mit dem Gewinnen eines großen Geschäfts im Berufsleben. Der unmittelbare Triumph und die Freude darüber sind überwältigend, aber was passiert, wenn es keine weiteren Deals mehr zu gewinnen gibt? Ich musste lernen, dass es gefährlich sein kann, in ein Motivationsloch zu fallen, wenn man sich ausschließlich auf kurzfristige Ziele konzentriert. Der Prozess, das Lernen, die Entwicklung und die Freude an der Tätigkeit selbst geraten in den Hintergrund. Um dieser Falle zu entgehen, solltest du den Prozess und die persönliche

Entwicklung in den Fokus rücken. Die Ziele kannst du als Meilensteine auf einem längeren, kontinuierlichen Entwicklungsweg betrachten, nicht als Endpunkte. Es geht darum, eine Balance zwischen Zielorientierung und dem Wertschätzen des Weges dorthin zu finden. So bleibt die Motivation auch nach dem Erreichen eines spezifischen Ziels bestehen, weil der Prozess, die Verbesserung und das Erleben selbst im Mittelpunkt stehen.

In dieser Phase lernte ich, dass Ziele nur dann wirklich bedeutsam sind, wenn sie Teil eines größeren, kontinuierlichen Prozesses sind. Die wahre Herausforderung und das eigentliche Wachstum liegen darin, eine Vision für sich selbst zu entwickeln, die über den Moment hinaus Bestand hat – sowohl im Sport als auch im Berufsleben. Du musst eine dauerhafte Motivation und einen Sinn in dem finden, was du tust, und nicht nur in deinen kurzfristigen Erfolgen. Weiterzumachen und dich ständig zu verbessern, ist nur möglich, wenn du eine Vision hast, die über den aktuellen Sieg hinausgeht.

Ein treffendes Zitat bringt es auf den Punkt: *„Wer nicht mehr versucht, besser zu werden, hat aufgehört, gut zu sein."* Das gilt sowohl im Sport als auch im Business. Es ist das ständige Bestreben, sich zu verbessern und zu entwickeln, was uns nicht nur gut, sondern wirklich großartig macht.

Wer nicht mehr versucht, besser zu werden, hat aufgehört, gut zu sein.

– Philip Rosenthal

Du schöpfst dein wahres Potenzial, sowohl persönlich als auch professionell, erst dann vollständig aus, wenn du über deinen momentanen Sieg hinausblickst und Ziele verfolgst, die zu deiner kontinuierlichen Entwicklung und Selbstverbesserung beitragen. Letztlich ist es diese Vision, die den Unterschied zwischen einem einmaligen Erfolg und einer lebenslangen Leistung ausmacht.

Hierzu eine kurze Geschichte, die ich dir erzählen möchte. In einem Gespräch mit einer Triathletin, die auch mehrfach an den Olympischen Spielen teilgenommen hat, haben wir auch über ihr Verhältnis zu ihrem Trainer gesprochen. Da erzählte sie, dass sie nach ihrem Olympiasieg 2012 am selben Abend nach dem Rennen von ihrem Trainer beglückwünscht wurde und er ihr danach mitgeteilt hat, dass sie sich am nächsten Morgen im Schwimmbad um 6 Uhr zum Trainieren treffen. Das wollte sie nicht, da sie ihren Sieg erst einmal genießen und mit den anderen feiern wollte. Doch ihr Trainer blieb eisern und sagte: „Alle feiern jetzt. Darum ist jetzt der perfekte Zeitpunkt, sich auf die nächsten Spiele in 4 Jahren vorzubereiten. In Rio wird im offenen Wasser geschwommen. Das müssen wir jetzt trainieren." Ihr Trainer, eine Legende unter Triathlon-Trainern, wusste, dass eine verpasste Einheit zu Beginn des Trainingsplans ebenso schmerzhaft sein kann wie eine verpasste Einheit kurz vor dem Wettkampf. Wer nur für einen Sieg bei den Olympischen Spielen trainiert, kann nicht so erfolgreich sein wie jemand, der für eine gute Karriere trainiert. Siege zu feiern ist wichtig. Doch zu wissen, wann man wieder auf Pferd, oder in diesem Fall, in den Pool muss, auch.

Die Bedeutung von Beständigkeit: Am Start stehen, um das Ziel zu erreichen

Jeder Sportler weiß: Wer nicht an der Startlinie erscheint, kann auch nicht ins Ziel laufen. Diese einfache Wahrheit unterstreicht die Bedeutung von **Beständigkeit** und **Durchhaltevermögen**. Sie erinnert dich daran, dass der erste Schritt zum Erfolg darin besteht, dich der Herausforderung überhaupt erst einmal zu stellen, auch wenn der Weg bis zum Ziel weit und unsicher erscheint.

„**Consistency Beats Intensity**" Bedeutet, dass langfristige, gleichmäßige Anstrengung oft wertvoller ist als kurzfristige, intensive Ausbrüche. Im Ausdauersport ist das offensichtlich: Ein Ultraläufer, der konstant trainiert, hat bessere Erfolgschancen als jemand, der nur sporadisch, aber mit großer Intensität trainiert. Ähnlich verhält es sich im Geschäftsleben. Ein kontinuierlicher, beständiger Einsatz führt oft zu nachhaltigeren Ergebnissen als eine Reihe von intensiven, aber unregelmäßigen Anstrengungen.

Diese Beständigkeit erfordert Disziplin und die Fähigkeit, sich auch in Zeiten geringer Motivation oder scheinbarer Stagnation zu engagieren. Die Herausforderung besteht darin, sich selbst und sein Team immer wieder zu motivieren, dranzubleiben, auch wenn der Fortschritt nicht immer sofort sichtbar ist.

Die folgenden zwei Grafiken veranschaulichen, welche Haltung zum Erfolg führt. Sie illustrieren, wie wichtig das „Growth-Mindset" und das Auftauchen für die kleinen Aufgaben ist, um die großen Ziele zu erreichen.

04 INFO-BOX:

Regel Nummer 1: Die Perspektive ist wichtig

ES MUSS IMMER DAS NÄCHSTE ZIEL AUF DEM WEG ZUR ERFÜLLUNG DER VISION GEBEN

BABY STEP - GIANT STEP

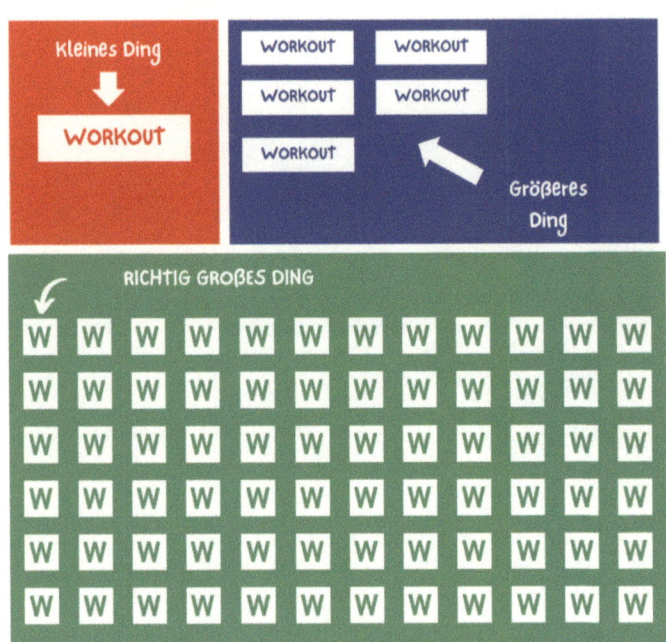

NUN ERSETZE WORKOUT (W) MIT TASK :-)

KAPITEL 5

SEI BEREIT ZU LEIDEN
- UM ZU SIEGEN

Im Sport und im Leben habe ich Folgendes gelernt: Schmerz ist unvermeidlich, Leid hingegen ist eine Wahl („pain is inevitable, suffering is optional"). Erfolgreich sein zu wollen, hat nicht viel mit Spaß zu tun. Erfolg haben dagegen schon. Um erfolgreich zu sein, muss man dem Prozess der kontinuierlichen Verbesserung vertrauen. Bei der Betrachtung des Prozesses ist die Bedeutung von Strategie, Taktik und operativer Umsetzung wichtig und wie diese Elemente sich auf unser Verständnis von Erfolg und Misserfolg, Sieg und Niederlage auswirken.

Strategie, ursprünglich im militärischen Kontext von Clausewitz definiert, bezieht sich auf den übergeordneten Plan oder das langfristige Ziel. Im Sport könnte das die Erreichung des Status GOAT (Greatest of all time) oder die Erlangung und der Erhalt der Weltranglistenführung sein, im Geschäftsleben vielleicht das Erreichen einer Marktführerschaft. Die Taktik hingegen befasst sich mit den konkreten Methoden und Vorgehensweisen, die eingesetzt werden, um die strategischen Ziele zu erreichen — wie das

Training eines Sportlers oder die Marketingstrategien eines Unternehmens.

Die operative Umsetzung schließlich ist die Ausführung der taktischen Pläne im Alltag. Es sind das tägliche Training, die konsequente Umsetzung der geplanten Schritte und die kontinuierliche Anpassung an sich ändernde Umstände.

Die Verbindung zwischen diesen Ebenen und der Umgang mit Schmerz und Leid ist entscheidend. Schmerz, im Sinne von Herausforderungen und Hindernissen, ist auf dem Weg zum Erfolg unvermeidlich. **Wie wir diesen Schmerz interpretieren und darauf reagieren**, bestimmt jedoch, **ob wir darunter leiden oder daraus lernen und wachsen.** Durch das Verständnis der Unterschiede zwischen Strategie, Taktik und operativer Umsetzung und die Erkenntnis, dass Schmerz ein Teil des Prozesses ist, können wir uns besser auf den Weg zum Sieg vorbereiten. Wir lernen, dass Leid eine Wahl ist — eine Wahl, die wir durch unsere Einstellung und unser Handeln beeinflussen können.

Wenn man bei der operativen Ausführung z.B. Schmerzen hat, dann kann man sich sicher sein, dass es den anderen, die trainieren, ebenso geht. Wenn man jedoch leidet, dann ist das die eigene Wahl.

Wachstum, egal welcher Form, ob persönlich oder sportlich, bedeutet immer, schmerzhafte Erfahrungen zu machen. Wer jedoch diesen Schmerz „begrüßt", der kann daran wachsen und besser werden. Das Gleiche gilt im Berufsleben: Wer ständig nur tut, was er schon kann, will den Schmerz vermeiden. Dadurch entgeht einem jedoch auch das mögliche Wachstum. Schau dir hierzu in Kapitel 3 das 3-Zonenmodell an.

Durch eine kluge strategische Planung, taktische Umsetzung und operative Ausführung kann gewährleistet werden, dass der Schmerz im Einklang mit dem Wachstum und den Zielen ist. So kann sichergestellt werden, dass die Schmerzen, die in der operativen Ausführung unweigerlich entstehen, auf taktischer und somit auf strategischer Ebene Fortschritt bedeuten. Wer leidet, der kommt also nicht in den Genuss, seine strategischen Ziele zu erreichen.

Die Wettkampfstrategie

Im Wettkampf, insbesondere im Trail-Running, kommt es darauf an, eine umfassende Strategie zu haben, die weit über das bloße Laufen hinausgeht. Erfahrene Läufer wissen, dass eine sorgfältige Planung und das Testen verschiedener Aspekte im Training entscheidend sind, um am Wettkampftag bestmöglich zu performen. Trail-Runner planen und testen alles im Training. Sie überlassen nichts dem Zufall, sondern bereiten sich auf jede Eventualität vor. Dazu gehört beispielsweise die Ernährungsplanung. Die richtige Ernährung ist nämlich entscheidend für die Leistungsfähigkeit. Läufer testen im Training verschiedene Ernährungsstrategien, um am Wettkampftag genau zu wissen, was ihr Körper benötigt.

Auch die Geschwindigkeitsplanung und das Festlegen eines optimalen Lauftempos ist in der Planung der Wettkampfstrategie enthalten. Zu schnell zu starten kann ebenso schädlich sein wie ein zu langsames Tempo. Auch die Erholung darf nicht außer Acht gelassen werden. Trail-Runner planen und testen innerhalb der Regenerationsplanung, wie sie am besten während des Laufs

regenerieren können, um ihre Leistungsfähigkeit aufrechtzuerhalten.

Die Taktik: Entscheidungen im Moment

Die Taktik während des Rennens beinhaltet Entscheidungen wie
Gehen oder Laufen, Essen oder nicht und wann und wie viel getrunken wird. Diese Entscheidungen hängen von verschiedenen
Faktoren ab, wie dem aktuellen Zustand des Athleten, den Wet-
terbedingungen und dem Rennverlauf. Die Taktik wird flexibel innerhalb des Wettkampfs angepasst, basierend auf der vorher
festgelegten Strategie.

Die operative Ausführung: Automatismus durch Training

Die operative Ausführung – also das eigentliche Laufen – wird
im Wettkampf oft nicht mehr bewusst wahrgenommen. Durch in-
tensives und wiederholtes Training haben die Läufer diesen Teil
so verinnerlicht, dass er fast automatisch abläuft. Die Fokussie-
rung liegt dann auf dem Moment, auf jedem einzelnen Schritt.
Als Läufer verlässt du dich darauf, dass dein Körper weiß, was zu
tun ist, da die Bewegungen und Abläufe durch das Training zu
einem Teil deines Instinkts geworden sind. Du konzentrierst dich
auf das Hier und Jetzt, jede Kurve, jeden Anstieg und jede Abfahrt,
und führst die operativen Aktionen aus, die du so oft geübt hast.

Diese drei Aspekte – **Strategie, Taktik und operative Ausführung**
– bilden zusammen das **Fundament für den Erfolg im Wettkampf**

und im Training. Sie zeigen, wie wichtig es ist, sowohl die großen Linien im Blick zu haben, als auch die Fähigkeit zu besitzen, im Moment zu reagieren und die kleinsten Details im operativen Handeln zu beherrschen. Das Gleichgewicht und Zusammenspiel dieser Elemente ist entscheidend, um am Wettkampftag siegreich zu sein und die eigene Bestleistung abrufen zu können.

Als Führungskraft oder Unternehmer ergeht es dir gleich wie im Sport. Das Führen deiner Teammitglieder oder Mitarbeiter passiert automatisch, du musst nicht mehr darüber nachdenken. Wenn du das Büro betrittst, weißt du genau, was zu tun ist, wie du mit wem kommunizierst, wie du Feedback gibst, wie du Aufgaben abgibst und kontrollierst. Zumindest wird es häufig so dargestellt. Keine Führungskraft und kein Trainer wissen immer was zu tun ist. Deine operativen Aufgaben sind die Führung. Ebenso wie deine Mitarbeiter bei ihren Aufgaben Fehler machen, wirst du auch beim Führen Fehler machen. Wenn deine Fehler oder die deines Teams auf die strategische Zielerreichung ausgerichtet sind, also diese nicht torpedieren, dann können sie trotzdem eine Stärke sein. Es ist deine Aufgabe ein Umfeld zu schaffen, in dem dein Team seinen Teil der Arbeit bestmöglich ausführen kann. Wenn alle an einem Strang ziehen, ist es kein Versagen, wenn einer Fällt. Auch nicht, wenn du es bist. Wichtig ist, dass keiner in die falsche Richtung zieht. Welche Richtung die richtige Richtung ist und wie ein motivierendes Umfeld aussieht. Das zu bestimmen ist deine Aufgabe.

Hierzu möchte ich dir eine kurze Geschichte erzählen. Mit 2 Freunden hatte ich mich mal für einen Firmenlauf angemeldet, wobei keiner von uns die Ambition hatte zu gewinnen. Es gab drei unterschiedliche Läufe: 3 km, 5 km und 10 km. Alle Läufe sind im Abstand von 30 Minuten gestartet. Wie es bei vielen

Freundschaften so ist, pusht man sich gegenseitig hoch. So ist die Idee entstanden, dass wir den 3 km, 5 km und 10 km Wettkampf nacheinander laufen. Bei allem Spaß gab es natürlich auch Konkurrenz zwischen uns. Es war eine freundschaftliche Konkurrenz, die das Beste in jedem von uns hervorbringen sollte.

Am Wettkampftag sind wir die ersten 3 Kilometer locker mit der Frau eines Freundes gelaufen. Dann hatten wir 12 Minuten Zeit, um an die 5-Kilometer-Startlinie zu gelangen. Wichtig war uns, egal wie schnell wir gelaufen sind, über die Ziellinie laufen wir immer gemeinsam. Das bedeutet, der Schnellste wartet vor dem Ziel auf die anderen. Das sollte den Reiz des Rennens nochmal etwas erhöhen, da es einen gewissen Ansporn für alle bedeutet. Auf den letzten 10 km sind wir gemeinsam gestartet und nach ca. 2 km ist jeder seine Geschwindigkeit gelaufen. Die 10 km waren der 5-km-Kurs, jedoch zweimal so lang.
Somit wussten wir genau, wie das Streckenprofil ist.

Nach ca. 6 km habe ich hinter mir ein stumpfes Geräusch gehört. Ich habe mich umgedreht und gesehen, dass ein älterer Mann gestürzt ist. Ich bin sofort angehalten und habe ihm geholfen, da sein Gesicht und seine Knie geblutet haben. Ich habe alle Vorbeilaufenden nach Wasser gefragt, um seine Wunden auszuspülen. Da hat mich mein erster Freund überholt und beim Vorbeilaufen gesagt, dass unser anderer Freund Wasser dabei hat. Somit habe ich mit dem verletzten Läufer auf diesen gewartet, dann seine Wunden ausgespült und ihn bei einem Streckenposten abgegeben. Danach ging die Aufholjagd los. Ich bin nahezu gesprintet, um meine Kollegen einzuholen. Ich wollte nicht, dass sie auf mich warten. Ich wollte warten. Nach wenigen Minuten sah ich schon meinen ersten Freund und überholte ihn. Ca. 1,5 km vor dem Ziel holte ich auch meinen anderen Freund ein. Meine Beine brannten und ich wusste, dass jetzt der Anstieg kommt. Mein anderer Kumpel war sehr locker, ich wollte jedoch bergauf unbedingt mithalten, bis plötzlich meine Beine schlapp machten. So bin ich bergauf ins Gehen übergegangen. Ich wusste, dass danach ein steiler Abstieg kommt und da ich technisch besser auf Abstiegen bin, könnte ich meinen Kumpel da wieder überholen. So war es dann auch. Ca. 300 m vor dem Ziel, als es bergab ging, habe ich meinen Freund überholt und 10 Sekunden vor dem Ziel auf ihn gewartet. Wir waren alle sehr froh und haben unser Abenteuer bis spät in die Nacht gefeiert.

Meine Erkenntnis aus dieser Erfahrung: **Wer seine Stärken und Schwächen kennt, muss nicht Menschen hinter sich auf der Strecke lassen.** Er kann helfen und andere unterstützen und trotzdem seine eigenen strategischen Ziele erreichen. Die operative Umsetzung und die Taktik können angepasst werden. Vor allem, wenn es das Richtige zu tun ist. **Der eigene Erfolg wird nicht größer, wenn wir andere dabei vernachlässigen. Erfolge bekommen Bedeutung, wenn wir anderen auf unserem Weg helfen und dennoch unsere Ziele erreichen**.

Die Kunst des Ausbalancierens zwischen

Vorbereitung und Leistung

Die Analogie zwischen Sport und Business wird besonders deutlich, wenn wir das Training mit den alltäglichen Arbeitsroutinen und den Wettkampf mit den herausfordernden Phasen im Beruf vergleichen. Wer sich in den ruhigeren Phasen, also während des Trainings, nicht angemessen auf die intensiven Zeiten — die Wettkämpfe — vorbereitet, wird es schwer haben, in den entscheidenden Momenten zu bestehen. Im Berufsalltag scheint es oft, als ob jeder Tag ein Wettkampf ist, ein unaufhörlicher Druck, jeden Tag die beste Leistung abzuliefern. Also kontinuierlich zu „leiden". Aber müssen du und dein Team wirklich jeden Tag auf höchstem Niveau leisten? Sportler haben bewusst Zeiten, in denen sie bewusst nur 60–80 % ihrer Leistung abrufen, um sich zu schonen und langfristig ihre Leistungsfähigkeit zu erhalten. Das ist im Business ebenso wichtig.

Würdest du kontinuierlich am Limit operieren, käme es unweigerlich zu Erschöpfung und Burn-out. Plane deshalb bewusst Zeiten der Erholung und des reduzierten Einsatzes für dein Team und dich ein. Ihr müsst nicht nur heute der Beste sein, sondern auch morgen und in den kommenden Jahren leistungsfähig bleiben. Das erfordert ein bewusstes Management der eigenen Ressourcen und die Erkenntnis, dass manchmal weniger - mehr ist.

Ein anschauliches Beispiel hierfür ist das Training von Hochleistungssportlern. Während High-Intensity-Interval-Training (HIIT) eine effektive Methode zur Steigerung der Fitness ist, ist es ebenso unerlässlich, regelmäßige Erholungsphasen einzuplanen. Sportler, die ausschließlich auf intensive Trainingseinheiten setzen, ohne ihrem Körper Zeit zur Regeneration zu geben, riskieren Verletzungen und langfristige Gesundheitsschäden. Du musst ein ausgewogenes Verhältnis zwischen intensiver Anstrengung und notwendiger Erholung finden.

In diesem Zusammenhang möchte ich eine beliebte Form des HIIT-Trainings erwähnen: Tabata. Tabata-Einheiten dauern genau 4 Minuten, bestehend aus 20 Sekunden HIIT und 10 Sekunden Pause. Diese Einheiten sind kurz, intensiv und zwischen den Tabata-Einheiten gibt es längere Pausen – Stunden oder Tage.

Viele Fitnesseinheiten, die hochintensiv sind, sind nicht länger als 20 Minuten. Das ist auch gut so, denn die Faustformel im Sport ist einfach: Hohe, intensive Einheiten sind kurz und es folgen lange Pausen, weniger intensive Einheiten sind lange und benötigen weniger Pause. Das Prinzip sollte auch im Berufsleben Anwendung finden. So werden Olympiasieger geschmiedet.

Selbstreflexion und Teamintegration in deinem Masterplan

Ein Ziel ohne Plan ist ein Wunsch. „Ich will Marathonläufer werden", „Ich will Olympionike werden", „Ich will fit und gesund sein und dafür abnehmen". Alles beginnt mit einem Wunsch, doch der nächste Schritt ist entscheidend. Nachdem klar ist, was man erreichen will, muss man auch das „Wie" klären.

Beachte in diesem Abschnitt aber, dass die hier formulierten Ziele keine smarten Ziele sind und das aus einem bestimmten Grund. Ziele wie „Ich will einen Marathon laufen", „Ich will einmal an der Startlinie bei den Olympischen Spielen stehen" oder „Ich möchte 10 Kilo abnehmen" sind smarte Ziele, aber auch finite Ziele. Ein guter Läufer will Läufer sein und nicht einen Marathon laufen. Und eine gute Führungskraft will Menschen führen und nicht nur mit x Menschen Ziel z erreichen.

Die Frage, die du dir als Führungskraft unbedingt stellen solltest, ist, wo du selbst stehst. Hast du eine umfassende Strategie entwickelt, die sich aus verschiedenen Substrategien zusammensetzt und so deinen Masterplan bildet? Es ist entscheidend, dass dieser Plan nicht nur deine persönlichen Ziele und Visionen widerspiegelt, sondern auch das Potenzial deines Teams optimal nutzt. Ein wesentlicher Aspekt dabei ist, ob du alles bedacht hast — von der langfristigen Zielsetzung bis hin zur täglichen Ausführung. Hast du beispielsweise eine klare Planung für dein Team, analog zu einem Trail-Runner? Dies könnte bedeuten, dass du sicherstellst, dass deine Mitarbeiter die Ressourcen und das Wissen haben, um ihre Energie effizient zu nutzen, produktiv zu bleiben und gleichzeitig Burn-out zu vermeiden.

Ein weiterer wichtiger Punkt ist die Befähigung deiner Mitarbeiter, taktische Entscheidungen auf ihrem Weg allein zu treffen. Das erfordert Vertrauen und die Bereitschaft, Kontrolle abzugeben. Du musst dafür ein Umfeld schaffen, in dem Mitarbeiter sich sicher fühlen, Entscheidungen zu treffen, und in dem sie wissen, dass ihre Beiträge wertgeschätzt werden. Schließlich ist die Frage, ob du und dein Team so gut vorbereitet und trainiert seid, dass ihr über das Operative nicht mehr nachdenken müsst. Dies erreicht man durch ständige Übung, Feedback und Anpassung. Schau dir den P-D-C-A Zyklus in Kapitel 12 an. Ihr müsst Prozesse und Routinen etablieren, die ihr so verinnerlicht, dass sie fast automatisch ablaufen.

Um deinen Masterplan erfolgreich umzusetzen, reflektierst du am besten regelmäßig: Funktionieren die Strategien wie geplant oder sind Anpassungen notwendig? Nur durch ständige Überprüfung und Anpassung kannst du sicherstellen, dass dein Plan nicht nur auf dem Papier gut aussieht, sondern auch in der Praxis funktioniert. Behalte immer das strategische Ziel im Blick, die Vision. Diese ist nicht die Strategie. Der Weg zum Ziel, die Strategie, kann sich ändern, die Vision bleibt. Anbei in der Info-Box erhältst du von mir noch eine Checkliste.

05 INFO-BOX

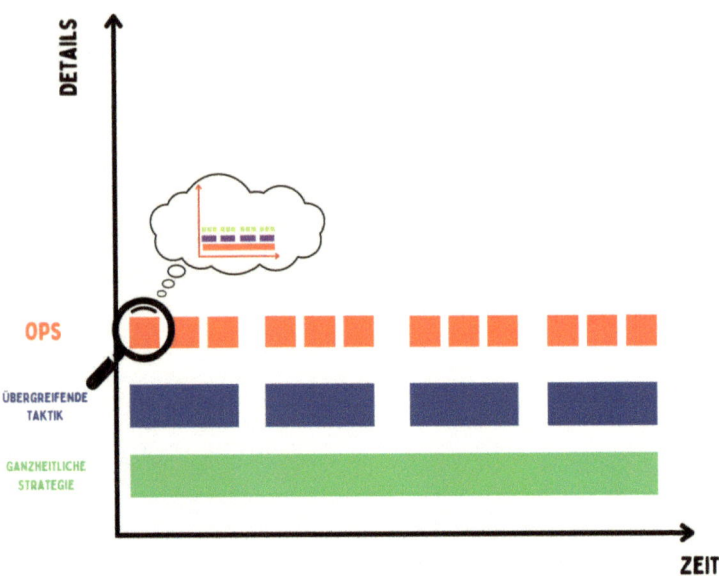

Die Aufteilung in operative Aufgaben (OPS), taktische Aufgaben und strategische Aufgaben ist wichtig, da je nach Aufgabengebiet unterschiedliche Fertigkeiten und Fähigkeiten benötigt werden. Es ist wichtig zu beachten, dass strategische Aufgaben selbst auch taktische und operative Elemente haben. Ebenso haben taktische Aufgaben operative und strategische Teile und operative Aufgaben beinhalten ebenfalls taktische und strategische Elemente. Das wird durch die Lupe in der Zeichnung verdeutlicht und hängt vom Standpunkt des Betrachters ab.

Für einen berufstätigen Athleten ist die Planung einer Trainings-session eine strategische Frage (wann, wo). Aus der Sicht des Coaches ist die gesamte Trainingseinheit operativ, da sie nur ein Element des gesamten Trainingsplans darstellt.

CHECKLISTE:

Vision – Warum tue ich, was ich tun will? Warum versuche ich zu erreichen, was ich erreichen will?

Strategische Planung:

- **Langfristige Ziele definieren**: *Setze klare, messbare Ziele für dein Team oder Unternehmen.*
- **Roadmap entwickeln**: *Erstelle einen detaillierten Plan, wie du diese Ziele erreichen kannst, inklusive Meilensteinen und Zeitrahmen.*
- **Ressourcen planen**: *Stelle sicher, dass du die notwendigen Ressourcen (Mitarbeiter, Budget, Material) zur Verfügung hast.*

Taktische Umsetzung:

- **Flexibilität bewahren**: *Sei bereit, deine Taktiken anzupassen, wenn sich Umstände ändern oder unerwartete Herausforderungen auftreten. Brauchst du einen Plan B? Oder vielleicht doch die ganze Palette von B-Z?*
- **Teamkommunikation stärken**: *Halte regelmäßige Meetings ab, um den Fortschritt zu überwachen und Feedback zu geben.*
- **Entscheidungsfindung delegieren**: *Befähige Teammitglieder, eigenständig taktische Entscheidungen zu treffen.*

Operatives Handeln:

- **Tägliche Routinen etablieren**: *Entwickle und pflege tägliche Arbeitsabläufe, die Effizienz und Produktivität fördern.*

- **Fortschritt Messen**: *Nutze Tools und Techniken zur Messung der täglichen Leistung und Produktivität.*

- **Kontinuierliches Feedback**: *Biete laufendes Feedback, um das operative Handeln deines Teams zu verbessern.*

Regeneration und Work-Life-Balance:

- **Pausen einplanen**: *Achte darauf, dass du und dein Team regelmäßig Pausen einlegen, um Überarbeitung zu vermeiden.*

- **Gesundheit fördern**: *Ermutige zu einem gesunden Lebensstil, einschließlich ausreichend Schlaf, Bewegung und gesunder Ernährung.*

KAPITEL 6

UM EPISCHES ZU SCHAFFEN - MUSS MAN DIE BASICS BEHERRSCHEN

Usain Bolt bringt es auf den Punkt: **Um Episches zu erreichen, muss man zunächst die Basics meistern und immer wieder zu diesen zurückkommen.**[1]

„You can't do epic without doing the Basics"

- Usain Bolt

Die Beherrschung der Grundlagen ist im Sport der Schlüssel zu außergewöhnlichen Leistungen.

Beim Surfen musst du, bevor du eine Welle auf- und abreiten kannst, vorher die Kunst des Paddelns und das Lesen der Wellen

---

[1] *https://www.instagram.com/usainbolt/p/9V42ojocfP/*

lernen. Du musst die Basics beherrschen. Diese Fähigkeiten sind entscheidend, um später die richtige Welle zu erwischen und erfolgreich darauf zu surfen. Sie erfordern Geduld, Übung und ein tiefes Verständnis für die Umgebung.

Ähnlich verhält es sich beim Laufen. Um schneller und länger laufen zu können, muss die Lauftechnik kontinuierlich verbessert werden. Dies beinhaltet die Optimierung deiner Schrittlänge, die Haltung, die Atmung und den Fußaufsatz. Selbst erfahrene Läufer widmen sich regelmäßig den Grundlagen, um ihre Effizienz zu steigern und Verletzungen vorzubeugen. Diese Übungen nennt man Lauf-ABC, da man auch das „ABC" beherrschen muss, bevor man schreiben lernen kann.

Kein Mensch wird als Spezialist geboren. Spezialisierung ist das Ergebnis von Hingabe, Übung und ständigem Lernen. Jeder, der bereit ist, Zeit und Mühe in das Erlernen und Perfektionieren der Grundlagen zu investieren, hat das Potenzial, am Ende ein Experte in seinem Feld zu werden. Es ist dieser Prozess des kontinuierlichen Lernens und Verbesserns, der die Basis für außergewöhnliche Leistungen und Erfolge bildet.

Im Business ist es ganz genauso. Dein Erfolg als Führungskraft liegt nicht darin, einfach die Methoden und Strategien anzuwenden, die du in der Literatur oder in Seminaren vermittelt bekommst. Vielmehr musst du diese Grundlagen verstehen, verinnerlichen und sie dann an die spezifischen Bedürfnisse und Herausforderungen deines Teams und Unternehmens anpassen.

Du musst dich zunächst intensiv mit den Grundlagen effektiver Führung auseinandersetzen, bevor du außergewöhnliche Erfolge in deiner Führungsrolle erwarten kannst. Genauso wie ein Surfer das Paddeln und das Lesen der Wellen beherrschen muss, ist es unerlässlich, dass du die grundlegenden Führungskompetenzen beherrschst und ständig verbesserst:

- **Kommunikationsfähigkeiten**: Effektive Kommunikation ist essenziell, um dein Team zu leiten, Anweisungen klar und verständlich zu übermitteln und ein gegenseitiges Verständnis zu fördern.

- **Teamdynamik verstehen**: Verständnis für die verschiedenen Persönlichkeiten im Team und wie diese am besten zusammenarbeiten können, ist entscheidend für den Teamerfolg.

- **Konfliktmanagement**: Konflikte sind unvermeidlich, und Führungskräfte müssen wissen, wie sie diese effektiv und konstruktiv lösen können.

- **Motivation und Inspiration**: Mitarbeiter zu motivieren und zu inspirieren, ist eine Kernkompetenz jeder Führungskraft. Daher ist es deine Aufgabe eine für dein Team motivierende Umgebung zu schaffen, in der deine Mitarbeiter selbstmotiviert arbeiten.

- **Entscheidungsfindung**: Schnelles und effektives Treffen von Entscheidungen unter Berücksichtigung aller relevanten Informationen und möglichen Auswirkungen.

Genauso wie ein Läufer seine Lauftechnik ständig verbessern muss, solltest auch du als Führungskraft bereit sein, kontinuierlich an deinen Führungsfähigkeiten zu arbeiten. Dies beinhaltet sowohl die Reflexion und Verbesserung des eigenen Verhaltens als auch das kontinuierliche Lernen und Anpassen an neue Situationen und Herausforderungen.

Nehmen wir hier einen Trainer als Beispiel. Ein **Trainer** kennt die Grundlagen der Sportart und die Hintergründe. Ein **guter Trainer** versteht die Hintergründe und kann sie auf aktuelle Situationen anpassen. Ein **herausragender Trainer** versteht die Hintergründe, die wissenschaftlichen Gegebenheiten, die Situationen und die individuellen Umstände seiner Sportler bzw. seines Teams und wendet diese situativ an.

06 INFO-BOX

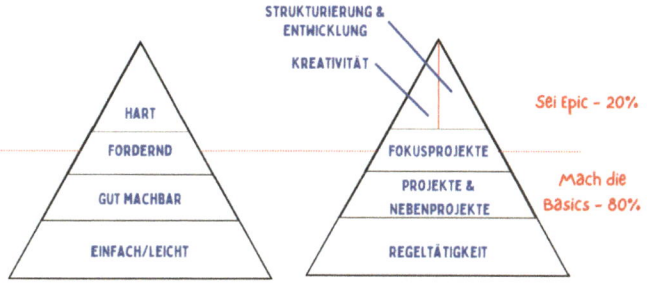

RUNNING & BUSINESS PYRAMIDE

WIE SOLLTE MAN SEINE ZEIT INVESTIEREN?

Im Sport und im Beruf gibt es Dinge, die man tun muss, um das, was man tun will/erreichen will, tun zu können. Die Grafik zeigt für beide Welten die Basistätigkeiten (Mach die Basics), also das, was man tun muss, um die Dinge tun zu können, die man tun will (Sei Epic). Wichtig ist, dass man auch, wenn man epische Dinge tut, die Basics nicht vernachlässigen kann. So füllen immer 80% von dem, was du tust, die Basistätigkeiten und nur 20 % die epischen. Das ist auch wichtig, denn das, was du in den epischen Zeiten entwickelst, musst du in deine Basic Zeiten überführen.

KAPITEL 7

TALENT, HARTE ARBEIT UND ERFOLG

Erfahrene Trainer sind sich bewusst, dass selbst der talentierteste Sportler ohne harte Arbeit keinen Erfolg erzielen kann. Talent mag die Tür zu außergewöhnlichen Leistungen öffnen, aber es ist die stetige, harte Arbeit, die letztendlich durch diese Tür hindurchführt. Ein natürliches Talent kann einen Sportler von anderen unterscheiden, doch ohne das Engagement und die Disziplin, dieses Talent durch kontinuierliches Training und Verbesserung zu fördern, bleibt es ungenutzt.

In der Weltspitze des Sports findest du Athleten, die nicht nur über außergewöhnliche Talente verfügen, sondern auch bereit sind, die harte Arbeit aufzubringen, um diese Talente weiterzuentwickeln. Diese Sportler verstehen, dass **Talent allein nicht ausreicht, um ganz vorn mitzuspielen.** Sie kombinieren ihre natürlichen Fähigkeiten mit einer unermüdlichen Arbeitsmoral, was sie zu wahren Meistern in ihrem Fach macht. Hartnäckige und engagierte Athleten können oftmals talentierte, aber faule Sportler übertreffen. Harte Arbeit und Ausdauer kompensieren dabei das Fehlen von natürlichem Talent.

Ich muss zugeben, ich selbst bin eher untalentiert, wenn es um Ausdauersport geht. Ich habe relativ stramme Waden und bin auch nicht unbedingt der drahtige Typ, den man als Ausdauersportler erwartet. Was mich jedoch unterscheidet, ist mein Wille, diese Sportarten, die mir nicht liegen, zu meistern. Wer mich auf der Straße sieht, denkt nicht, dass ich gerne 3, 5, oder 10 Stunden am Wochenende durch die Wälder laufe. Genau das finde ich großartig. Denn meine Physiologie macht mich zu einem guten Kraftsportler. Aber meine Vorlieben machen mich auch zu einem passablen Ausdauersportler. Das gepaart mit harter Trainingsmoral, die auch bedeutet, dass ich am Wochenende früh aufstehe, um laufen zu gehen oder unter der Woche vor der Arbeit meine erste Trainingseinheit mache, macht den entscheidenden Unterschied. Man kann schlechte Gene oder Veranlagung nicht wegtrainieren. Aber man kann es kompensieren. Ganz nach dem Motto des Triathleten, Jan Frodeno, : „Conceive Believe Achieve" - "Erfasse dein Ziel, glaube daran, erreiche es".

Wer nie mit dem Status quo zufrieden ist, sondern immer nach Wegen sucht, sich weiterzuentwickeln und zu verbessern, hält den Schlüssel zu nachhaltigem Erfolg in den Händen. Es ist eine Einstellung, die den Unterschied zwischen einem guten Athleten und einem wahren Champion ausmacht.

In Sport und Business gilt also gleichermaßen: **Man erhält nur das zurück, was man zuvor investiert hat.** Wer nicht bereit ist, Zeit, Energie und Engagement zu investieren, kann keine signifikanten Ergebnisse erwarten.

Stop complaining about results you didn't get from work you didn't put in.

- Chris Williamson

"Hör auf, dich über Ergebnisse zu beschweren, die du nicht bekommen hast, für Arbeit, die du nicht investiert hast."

Im Sport bedeutet dies konkret, dass jemand, der nur zweimal pro Woche trainiert, nicht dieselben Verbesserungen erzielen kann wie jemand, der sich fünfmal pro Woche dem Training widmet. Dieses Prinzip lässt sich auch auf den Geschäftsalltag übertragen: **Nur wer Bäume sät, kann später auch die Früchte ernten. Wer erst gar nicht anfängt zu säen, der wird niemals einen Baum haben, der Schatten spendet und Essen abwirft.** Wenn du in deinem Team also eine Kultur des Einsatzes und der Hingabe etablierst, in der der Wert harte Arbeit anerkannt und belohnt wird, dann werdet ihr gemeinsam grandiose Ergebnisse erzielen.

Die Definition harter Arbeit basiert dabei auf zwei Säulen: Qualität und Quantität (Q&Q). Sie wird letztlich am Ergebnis gemessen und sollte daher qualitativ hochwertig sein. Im sportlichen Kontext bedeutet das, dass eine effektive Trainingseinheit nicht unbedingt die schnellste oder längste sein muss, sondern eine, die gezielt auf das Trainingsziel einzahlt.

Eine gute Trainingseinheit lässt sich im Sport dadurch charakterisieren, dass sie spezifisch auf die Bedürfnisse und Ziele des Sportlers ausgerichtet ist. Eine hochqualitative Einheit kann beispielsweise eine gezielte Technikschulung oder ein spezifisches Intervalltraining sein, das auf die Verbesserung bestimmter Fähigkeiten zugeschnitten ist. Nicht die Dauer oder die Intensität allein machen das Training wertvoll, sondern wie effektiv es dazu beiträgt, die gesetzten Ziele zu erreichen.

Dieses Prinzip kannst du auch im Berufsleben anwenden. Es geht nicht nur darum, viele Stunden zu arbeiten, sondern darum, in diesen Stunden effektiv und zielgerichtet zu arbeiten. Qualität und Quantität müssen in einem ausgewogenen Verhältnis stehen, um optimale Ergebnisse zu erzielen. So kann harte Arbeit sowohl im Sport als auch im Beruf zu messbaren und bedeutungsvollen Erfolgen führen.

Das Konzept **„Train smart, not hard"** betont die Wichtigkeit einer intelligenten, zielgerichteten Herangehensweise an das Training. Im Sport bedeutet das, sich nicht blindlings in harte Arbeit zu stürzen, sondern Trainingsmethoden zu wählen, die effizient und effektiv auf spezifische Ziele einzahlen. Den eigenen Körper und seine Grenzen zu verstehen, die Belastung und Erholung ausgewogen zu gestalten und Techniken zu verwenden, die die Leistungsfähigkeit maximieren, ohne die Gesundheit zu gefährden, ist dabei ausschlaggebend. Dieser Ansatz kann zu einer nachhaltigeren Entwicklung führen, bei der langfristige Gesundheit und Leistung im Vordergrund stehen.

Auch auf der Business-Ebene gilt ein ähnliches Prinzip, oft ausgedrückt als „Hire for attitude, train for skills". Doch eine noch effektivere Strategie könnte sein: „Hire for attitude and train for attitude". Dies unterstreicht die Bedeutung der Einstellung in der Arbeitswelt. Während fachliche Fähigkeiten wichtig sind und trainiert werden können, ist eine positive, anpassungsfähige und engagierte Einstellung oft der Schlüssel zum langfristigen Erfolg. Mitarbeiter mit der richtigen Einstellung bringen nicht nur die erforderliche Motivation und das Engagement mit, sondern sind auch eher bereit und fähig, neue Fähigkeiten zu erlernen und sich an verändernde Umstände anzupassen.

07. INFO-BOX

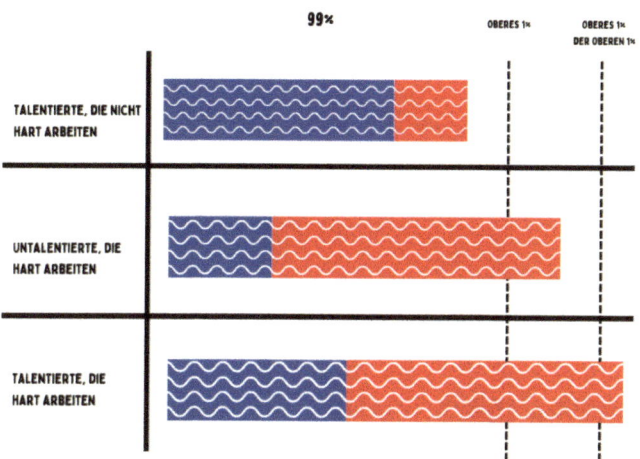

Talent ist nicht alles. Die Grafik verdeutlicht, dass hartes und ziel-strebiges Arbeiten immer wichtiger für den Erfolg ist als reines Talent. Die Besten der Besten besitzen jedoch beides.

KAPITEL 8

ALLES HAT SEINE ZEIT UND SEINEN ORT — BLUE WORK & RED WORK

Die Unterscheidung von Blue Work und Red Work im Sportkontext bietet dir eine klare Strukturierung des Trainingsprozesses.

Blue Work: Strategische Planung, Kreativität und Vorbereitung

Im Sport ist die Blue Work die Phase, in der die Weichen für den Erfolg gestellt werden. Es handelt sich um die strategische Planung und Vorbereitung, die hinter den Kulissen stattfindet. Du triffst in dieser Zeit wichtige Entscheidungen, um die optimalen Voraussetzungen für die Red Work zu schaffen. Dazu gehören:

- **Zielsetzung**: Festlegung von klaren, messbaren Zielen, die du erreichen möchtest
- **Planentwicklung**: Erstellung eines detaillierten Trainingsplans, der auf deine spezifischen Bedürfnisse und Ziele zugeschnitten ist.

- **Ressourcenmanagement**: Sicherstellung, dass alle notwendigen Ressourcen (z.B. Ausrüstung, Ernährung, Regeneration) für dich verfügbar sind.
- Monotone Einheiten führen häufig zu einem „Trainout" (Trainings-Burn-out). Daher ist es wichtig, **kreative Einheiten zu planen, Einheiten kreativ abzustimmen** und dem **Athleten zu geben, was er benötigt, um am Ball zu bleiben.**

Red Work: Ausführung und aktives Training

Anschließend folgt die Phase der aktiven Ausführung – die Red Work. Hier setzt du den Plan in die Tat um. Disziplin und Ausdauer prägen diese Phase:

- **Aktives Training**: Umsetzung deiner geplanten Trainingseinheiten mit vollem Einsatz und Fokus.
- **Feedback und Anpassung**: Kontinuierliche Bewertung deines Fortschritts und Anpassung des Trainingsplans bei Bedarf.
- **Konsistenz und Engagement**: Regelmäßiges und engagiertes Training, um deine gesetzten Ziele zu erreichen.

In beiden Phasen – Blue Work und Red Work – ist die Balance entscheidend. Ein gut durchdachter Plan (Blue Work) ist nur so gut wie seine Umsetzung (Red Work). Gleichzeitig kann eine effektive Ausführung nur dann erfolgen, wenn die Planung sorgfältig und durchdacht war. Dieses Zusammenspiel von strategischer Planung und aktiver Ausführung ist der Schlüssel zum Erfolg, sowohl im Sport als auch im Business.

Die Trennung von Blue Work und Red Work im Berufsleben

Im Business wird ebenfalls eine klare Unterscheidung zwischen Blue Work und Red Work vorgenommen, die jedoch ihre eigenen Herausforderungen mit sich bringt. Während im Sport die Rollen klar verteilt sind – der Coach übernimmt die Blue Work der Planung und Steuerung und der Athlet die Red Work der Ausführung –, ist diese Trennung im Berufsleben nicht immer so deutlich.

Blue Work: Die Rolle der Führungskräfte

Im Geschäftsleben wird Blue Work üblicherweise von Führungskräften wie dir übernommen. Diese umfasst die kreative und strategische Planung, das Entwickeln neuer Ideen, das Festlegen von Zielen und das Erarbeiten von Lösungen für komplexe Probleme. Du bist dann dafür verantwortlich, die Vision und Richtung vorzugeben und dabei Unsicherheiten und Risiken zu berücksichtigen.

Red Work: Die Rolle der Mitarbeiter

Red Work wird meist von den Mitarbeitern ausgeführt. Dies beinhaltet die praktische Umsetzung der von der Führungsebene entwickelten Strategien und Pläne. Die Mitarbeiter erledigen die täglichen Aufgaben, managen Prozesse und erreichen im besten Fall die festgelegten Ziele. Diese Arbeit ist oft routiniert und bietet ein gewisses Maß an Sicherheit und Klarheit.

Herausforderungen in der Praxis

Eine wesentliche Herausforderung im Business entsteht allerdings, wenn Mitarbeiter beides – Blue Work und Red Work – gleichzeitig bewältigen müssen. Ein modernes

Führungsverständnis, gerade in Wissensberufen, ist, dass Mitarbeiter beide Aufgabengebiete wahrnehmen. Dies kann zu einer Überlastung führen, da es schwierig ist, kreativ und strategisch zu denken, während man gleichzeitig praktische und oft routinemäßige Aufgaben erledigt.

Zudem kann die Aufteilung der Arbeit zwischen Führungskräften und Mitarbeitern zu Kommunikationsproblemen führen. Wenn die Vision und die strategischen Pläne nicht klar kommuniziert werden, kann dies zu Missverständnissen und ineffizienter Ausführung führen.

Um diese Herausforderungen zu bewältigen, solltest du als Führungskraft deine Mitarbeiter aktiv in den Planungsprozess einbeziehen und klare, verständliche Ziele und Erwartungen kommunizieren. Ebenso ist es entscheidend, dass du deine Mitarbeiter befähigst, sowohl Blue Work als auch Red Work effektiv zu managen, indem du ihnen die nötigen Ressourcen und Unterstützung zur Verfügung stellst.

Die Lösung: Gutes Management und Coaching

Die effektive Umsetzung von Blue Work und Red Work erfordert ein gutes Management und Coaching. Diese beiden Elemente umfassen:

> **Entwicklung eines klaren Plans**: Ein klar definierter Plan hilft deinen Mitarbeitern, Blue Work und Red Work effektiv zu trennen. Dieser Plan sollte nicht nur die Ziele und Aufgaben klar umreißen, sondern auch Wege aufzeigen, wie diese erreicht werden können. Gib deinen Mitarbeitern eine klare Richtung vor und schaffe Struktur, die es

ihnen erleichtert, ihre Aufgaben effizient und effektiv zu erledigen.

Bereitstellung von Ressourcen: Deine Mitarbeiter benötigen die richtigen Ressourcen, um Blue Work und Red Work erfolgreich umsetzen zu können. Dies beinhaltet nicht nur die erforderlichen Materialien und Werkzeuge, sondern auch Zeit und Raum für kreatives Denken sowie Unterstützung und Anleitung bei der praktischen Ausführung ihrer Aufgaben.

Förderung der Kommunikation: Eine offene und effektive Kommunikation ist entscheidend, um sicherzustellen, dass Blue Work und Red Work nahtlos ineinandergreifen. Erschaffe ein Umfeld, in dem du den Austausch von Ideen und Feedback förderst. Dies ermöglicht es deinen Mitarbeitern, ihre Pläne zu koordinieren und sicherzustellen, dass alle auf das gleiche Ziel, die Vision, hinarbeiten.

Im Business kannst du die Unterscheidung zwischen Blue und Red Work auf verschiedene Arten anwenden. Eine Möglichkeit ist, die Unterscheidung auf einzelne Aufgaben oder Projekte zu beziehen. So kannst du zum Beispiel eine Aufgabe in eine Blue Work Phase und eine Red Work Phase unterteilen. Eine andere Möglichkeit ist, die Unterscheidung auf verschiedene Rollen oder Abteilungen anzuwenden. In einem solchen Fall ist eine Abteilung für die Blue Work zuständig, während eine andere Abteilung sich um die Red Work kümmert. Wer sich für die letzte Methode entscheidet, muss sicherstellen, dass es in regelmäßigen Abständen einen Austausch gibt.

In den Führungsetagen dieser Welt wird häufig über die „Wertigkeit" von Arbeit gesprochen. Damit ist der Anteil von blauer und roter Arbeit gemeint. Gemeinhin gilt die Formel: Je blauer die Arbeit, desto „wertiger" wird sie angesehen.

Als Trainer merkt man häufig, dass es Athleten gibt, denen man nur kurz den Sinn der Einheit erklärt und sie trainieren nahezu allein. Dann gibt es am anderen Ende das andere Extrem — den Athleten, der sehr individuelle Betreuung benötigt.

Das kennt auch jede Führungskraft. Im Bereich der Führung gibt es den Begriff der „Situativen Führung" oder „Situational Leadership".

Dabei werden **4 unterschiedliche Führungsstile für unterschiedliche Situationen** unterschieden:

- Unterrichtend
- Begleitend
- Unterstützend
- Delegierend

Verbunden sind die unterschiedlichen Führungsstile mit: der Fähigkeit des Athleten, oder im Berufsleben, des Mitarbeiters, umzugehen. Je „reifer" der Athlet, desto blauer ist seine Arbeitsweise bzw. können seine Aufgaben sein.

Unterrichtend	Begleitend	Unterstützend	Delegierend

Verständnis lässt sich schwer lehren oder trainieren. Es gibt erfolgreiche Sportler, die einfach den Trainingsplan ihres Trainers abarbeiten (Red Work) und damit erfolgreich sind. Dann gibt es hochklassische Athleten, die ein Verständnis für ihren Trainingsplan entwickelt haben und sich mit dem Trainer gemeinsam über den Sinn der einzelnen Einheiten austauschen und gemeinsam Anpassungen diskutieren.

Michael Schumacher war als herausragender Formel1-Pilot bekannt. Nicht nur, weil er gut schnelle Autos fahren konnte, sondern auch, weil er sein Auto und die verwendete Technik kannte und täglich mit den Ingenieuren Detaileinstellungen diskutierte.

Was ist Situational Leadership?
Bevor wir nun zum praktischen Teil in der Info-Box kommen, möchte ich darauf eingehen, was Situational Leadership überhaupt ist. Situational Leadership ist ein Führungsmodell, das aus vier allgemeinen Führungsstilen besteht. „Situational" oder auch „situativ" bedeutet, dass es beim Führen immer auf die jeweilige Situation ankommt. Es wird damit kein starres Konzept verfolgt, sondern ein anpassungsfähiges.

Führungsstil 1: Unterrichtend (Telling)

Bei diesem Führungsstil gibt der Führer die Aufgabe, deren Inhalt und auch den zeitlichen Rahmen genau vor. Es ist ein kurzfristiger Ansatz, der sich insbesondere für solche Mitarbeiter oder Teammitglieder eignet, die noch nicht viel Erfahrung mit dieser Aufgabe haben und daher auf die Unterstützung des Führers angewiesen sind.

Führungsstil 2: Begleitend (Selling)

Die Führungskraft behält bei diesem Ansatz weiterhin die Entscheidungsbefugnis darüber, was der Mitarbeiter zu tun hat, wie er es tun soll und wann es erledigt werden muss. Der Mitarbeiter hat aber die Gelegenheit mitzudiskutieren, z.B. warum und ob diese Aufgabe wichtig ist.

Führungsstil 3: Unterstützend (Participating)

Dieser Führungsstil ist „mitarbeiterorientiert" und nicht „führerorientiert". Als solcher stellt er einen Ansatz dar, der stark auf Beziehungsverhalten, aber wenig auf Aufgabenverhalten ausgerichtet ist. In diesem Zusammenhang (und aus der Sicht der Führungskraft) ist der Teilnehmer in der Lage, die betreffende Aufgabe auf einem dauerhaften und akzeptablen Niveau auszuführen, aber es fehlt ihm entweder das Vertrauen in sich selbst oder die Motivation bzw. das Engagement, dies zu tun.

Führungsstil 4: Delegierend (Delegating)

Auch hierbei handelt es sich um einen stark mitarbeiterorientierten Führungsstil. Der Mitarbeiter ist in der Lage, die Aufgabe auf einem dauerhaften und akzeptablen Niveau auszuführen, und er ist sowohl zuversichtlich als auch motiviert, dies zu tun.

Ein wichtiger Aspekt dieses Ansatzes ist, dass je nach Tätigkeit der Mitarbeiter sich in einer der 4 Stadien befinden kann. So kann es sein, dass der gleiche Mitarbeiter für Tätigkeit a mit Delegation geführt werden kann und für Tätigkeit b unterrichtet werden muss.

08   INFO-BOX

COMPLIZIERT	COMPLEX
URSACHE → WIRKUNG	ÜBERRASCHUNGEN
VORHERSEHBAR	NICHT VORHERSEHBAR
BEHERRSCHBAR	NICHT BEHERRSCHBAR
"WISSEN"	"KÖNNEN" & VERSTEHEN
FEHLER	IRRTUM
EFFIZIENZSTEIGERUNGEN MÖGLICH	WIRKSAMKEIT WICHTIGER ALS EFFIZIENZ
DIE LEISTUNG IST DIE SUMMER DER EINZELLEISTUNGEN	LEISTUNG IST EMERGENT
PROZESSE/REGELN/METHODEN	PRINZIPIEN/SYSTEME/WERKZEUGE/WERTE
WIE?	WER?
→ MANAGEMENT	→ LEADERSHIP

KAPITEL 9

ÄNDERUNGEN MÜSSEN GEPLANT SEIN

Techniktraining ist eine Kunstform, kein Handwerk. Wer sich schon mit der „perfekte" Lauftechnik beschäftigt hat, weiß, dass nicht einfach durch das Vorführen der perfekten Lauftechnik und das Warten auf deren perfekte Umsetzung zum Erfolg führt. Der Prozess des Erlernens und Verfeinerns eines effizienten Laufstils ist vielmehr (selbst-)erfahrungsbasiert und sehr langwierig. Wie Tony Stark, auch bekannt als Ironman, treffend bemerkte: **„Manchmal muss man rennen, bevor man laufen kann."** Diese Aussage verdeutlicht die Bedeutung des praktischen Erlebens und des schrittweisen Lernens.

Im Lauftraining musst du durch das Tun selbst — also das Laufen — lernen und deine Technik kontinuierlich verbessern. Es ist ein **Prozess des Ausprobierens, Anpassens und Verfeinerns.** Trainer setzen dabei auf schrittweise Verbesserungen, geben Feedback und machen Anpassungen, während du aktiv übst und deine Fähigkeiten entwickelst.

Wie in vielen Lebenslagen steht man auch als Trainer vor dem Henne-Ei-Problem: Soll man anfangen zu trainieren, auch wenn eine Technikoptimierung noch nötig ist, oder soll man erst die Technik perfektionieren, bevor man mit dem „richtigen" Training beginnt. Konkreter: Benötige ich den perfekten Laufstil, um zu laufen, oder soll ich laufen und dabei den Laufstil ‚on the fly' verbessern?

Ob es um das Schwimmen, Radfahren oder um berufliche Fähigkeiten geht — das Lernen geschieht am effektivsten durch praktische Erfahrung. Arbeitsabläufe verstehen und optimieren deine Mitarbeiter am besten, wenn sie diese aktiv ausführen.

Dieser Ansatz betont die Wichtigkeit von „Learning by Doing". Er ermutigt dich dazu, dich Herausforderungen zu stellen, auch wenn du noch nicht perfekt vorbereitet bist. Durch das aktive Tun, das Sammeln von Erfahrungen und das kontinuierliche Lernen, entwickelst du Fähigkeiten und Kompetenzen auf natürliche und effektive Weise. In diesem Prozess sind Fehler nicht nur unvermeidlich, sondern auch wertvolle Gelegenheiten zum Lernen und Wachsen. Sie sind also gewollt, solange Fehler als Feedbackschleife einbezogen werden.

Passe unbedingt auf, dass du dabei nicht versuchst, alles perfekt zu machen, denn das kann sich tatsächlich kontraproduktiv auswirken.

Die 1%-Regel nach James Clear besagt, dass keine Änderung oder Verbesserung schlecht ist, aber zu viel auf einmal auch nicht gut ist. Versuche deshalb kleine, inkrementelle, Verbesserungen vorzunehmen — jeweils um etwa 1 %. Sobald sich diese kleine

Änderung stabilisiert hat, kannst du eine weitere kleine Anpassung vornehmen. Statt eine einzelne Sache komplett zu ändern, ist es oft effektiver, an mehreren Fronten kleine Anpassungen vorzunehmen.

Eine Verbesserung um 1 % täglich führt innerhalb eines Jahres zu einer Steigerung um das 37-fache.

Eine bekannte Anwendung dieser Methode ist die des britischen Fahrradteams, welches durch die **Implementierung der 1%-Regel** erhebliche Erfolge erzielte. Die Geschichte des Teams wird von James Clear in seinem Buch „Die 1 % Regel", erzählt. Anstatt radikale Änderungen vorzunehmen, konzentrierten sie sich auf eine Vielzahl kleiner Verbesserungen in verschiedenen Bereichen – von der Optimierung der Fahrradausrüstung bis hin zur Verbesserung der Schlafqualität der Athleten. Diese Ansammlung kleiner Verbesserungen führte letztendlich zu einem signifikanten Leistungszuwachs.

Eine weitere wichtige Komponente im Prozess der kontinuierlichen Verbesserung ist die Evaluierung von Veränderungen. Das Adaptionsfenster, also der Zeitraum, in dem sich die Auswirkungen einer Änderung stabilisieren und bewerten lassen, beträgt etwa sechs Wochen. Nach jeder Änderung benötigt das System – sei es ein Athlet, ein Mitarbeiter oder eine Beziehung zwischen Trainer und Athlet bzw. Chef und Mitarbeiter – Zeit, um sich anzupassen und die neue Situation zu verarbeiten. Daher solltest du keine sofortigen Wunder erwarten.

In meiner Praxis als Trainer führe ich alle 6–8 Wochen eine Leistungsdiagnostik mit meinen Athleten durch. Diese regelmäßigen Bewertungen ermöglichen es, den Fortschritt zu überwachen und sicherzustellen, dass die vorgenommenen Anpassungen effektiv sind. Es ermöglicht auch, bei Bedarf weitere kleine Veränderungen vorzunehmen, um sicherzustellen, dass der Athlet kontinuierlich Fortschritte macht.

Insgesamt zeigt sich, dass sowohl im Sport als auch im Business ein schrittweiser Ansatz zur Verbesserung, kombiniert mit regelmäßigen Evaluierungen, der Schlüssel zu nachhaltigem Erfolg und kontinuierlicher Entwicklung ist.

09 INFO-BOX

Die Grafik zeigt, dass Änderungen an einem System, sei es ein Unternehmen, eine Struktur oder der menschliche Körper, sich immer erst zeitversetzt bemerkbar machen. Die Wirkung wird erst nach 6–8 Wochen sichtbar. Fazit: Bei der Einführung einer Änderung solltest du die Ruhe behalten und keine Wunder erwarten.

KAPITEL 10

ABER TRAINER SCHREIEN DOCH AUCH?

Glaube nicht alles, was du in Filmen siehst, denn sie neigen oft dazu, Szenarien zu dramatisieren. Ich bin zwar der Überzeugung, dass ein guter Trainer unbedingt die Fähigkeit, liebevolle Strenge auszuüben, besitzen sollte. Trotzdem hat diese liebevolle Strenge wenig mit verbalen Ausbrüchen und Schreien zu tun. Ich meine damit eher die **Balance zwischen Fördern und Fordern,** um Athleten zu motivieren und gleichzeitig ihre Grenzen zu respektieren.

Ein effektiver Trainer weiß, wann es Zeit ist, Druck auszuüben und wann Unterstützung und Ermutigung nötig sind. Diese liebevolle Strenge hilft Athleten, sich kontinuierlich zu verbessern, ohne dabei das Risiko von Überlastung oder Demotivation einzugehen. Das ‚Trainerseye' ermöglicht es ihm, zu erkennen, wann ein Athlet mit dem Trainingspensum überfordert ist und wann er lediglich an seine Grenzen stößt.

Diese Fähigkeit zur Unterscheidung ist auch im Business als Empathie bekannt. Eine gute Führungskraft sollte in der Lage sein, zu erkennen, wann ein Mitarbeiter überlastet ist, und entsprechende Maßnahmen ergreifen, um Burn-out zu verhindern und gleichzeitig Wachstum und Entwicklung zu fördern. Ausführlich wurde dies bereits im Kapitel 8 behandelt.

Trainer nutzen oft emotionale Intelligenz und Empathie, um positive Emotionen bei ihren Athleten zu wecken und zu verstärken. Sowohl das Verständnis und Eingehen auf die emotionalen Bedürfnisse der Athleten als auch das gezielte Setzen von emotionalen Anreizen, um Motivation und Engagement zu steigern, sind darin enthalten.

Auch du als Führungskraft solltest im Berufsleben Empathie einsetzen, um eine Verbindung zu deinen Mitarbeitern herzustellen und ein positives, motivierendes Arbeitsumfeld zu schaffen. Durch das Verstehen der individuellen emotionalen Landschaften deiner Teammitglieder kannst du gezielter auf deren Bedürfnisse eingehen, sie inspirieren und zu Höchstleistungen anspornen.

Die Beziehung zwischen Trainern und Athleten ist ein wunderbares Beispiel, um dir daraus Erkenntnisse für deinen Berufsalltag als Führungskraft abzuleiten:

Zielabstimmung zwischen Trainer und Athlet: Die effektivste Beziehung zwischen einem Trainer und einem Athleten entsteht, wenn beide dieselben Ziele verfolgen. Eine solche Harmonie in der Zielsetzung schafft eine starke, fokussierte Dynamik. Es ist auch positiv, wenn Trainer und Athlet zumindest in die gleiche Richtung wollen, da dies gemeinsame Anstrengungen und Verständnis fördert. Schwierigkeiten treten jedoch auf, wenn Trainer und Athlet unterschiedliche Ziele oder Vorstellungen haben. In solchen Fällen ist es oft schwer, eine produktive und erfolgreiche

Zusammenarbeit zu gewährleisten. Dieses Szenario lässt sich 1:1 auf die Arbeit mit deinen Mitarbeitern übertragen.

Wichtig zu erwähnen ist in diesem Zusammenhang, dass der Trainer nur erfolgreich ist, wenn der Athlet es ist.

Im Berufsleben ist das hingegen anders. Hier können Mitarbeiter erfolgreich sein — ohne, dass es der Chef ist, und der Chef kann auf Kosten der Mitarbeiter erfolgreich sein. Im Sport funktioniert das nicht, da beide — Trainer und Athlet — zusammen verlieren oder gewinnen. Wer es hinbekommt, ein solches Umfeld als Führungskraft zu schaffen, der kann ein wahrhaft erfolgreiches Team aufbauen. Da alle wissen, dass man sich füreinander einsetzt und nicht gegeneinander arbeitet.

Hierzu ist eine Vertrauensbasis notwendig. Der „Circle of Trust" ist ein Konzept, um zu prüfen, wie viel Vertrauen Mitarbeiter einander gegenüber haben und wie viel Vertrauen sie in ihren Chef haben. Athleten vertrauen ihrem Trainer und Trainer ihren Athleten. Wie sieht es aber in deinem Unternehmen oder deinem Team aus?

Trainer als unterstützende Führung: Trainer sollten nicht als „servant Leaders", sondern als „supporting Leaders" betrachtet werden. Ihre Rolle besteht darin, die Athleten bei der Erreichung ihrer Ziele zu unterstützen, sie zu motivieren, zu leiten und zu fördern. Der Trainer fungiert als Katalysator für die Entwicklung und Leistung des Athleten, indem er die richtigen Bedingungen, Ressourcen und Anleitung bietet, um das Potenzial des Athleten voll auszuschöpfen.

Ein wesentlicher Unterschied zwischen dem Sport und dem Berufsleben liegt in der Wahrnehmung und Akzeptanz von Abkürzungen auf dem Weg zum Erfolg. Im Sport ist es allgemein anerkannt, dass es keine wirklichen Abkürzungen gibt. Erfolg ist das Ergebnis von harter Arbeit, Disziplin und konsequentem Training. Sportler werden regelmäßig – bei jeder Trainingseinheit und jedem Wettkampf – mit der Realität ihrer Leistungsfähigkeit konfrontiert.

Im Berufsleben hingegen scheinen manchmal Abkürzungen zum Erfolg zu existieren. (Siehe hierzu auch Kapitel 2.) Dies kann beispielsweise durch schnelle, aber oberflächliche Lösungen oder durch das Ausnutzen von Systemlücken geschehen. Doch wie im Sport, zeigt sich auch im Berufsleben, dass solche Abkürzungen oft nicht nachhaltig sind. Früher oder später werden diejenigen, die diese Shortcuts wählen, von der Realität eingeholt und verspielen Vertrauen. Langfristiger Erfolg – sowohl im Sport als auch im Berufsleben – basiert auf Authentizität, beständiger Leistung und der kontinuierlichen Entwicklung von Fähigkeiten, Wissen und Vertrauen.

10 INFO-BOX

Circle of Trust

Gleichgültig

Skepsis

Aufmerksamkeit

Interesse

Bedingtes Vertrauen

Verinnerlichtes
Vertrauen

VERTRAUEN MUSS MAN SICH ERARBEITEN. VERTRAUEN KANN NICHT ANGEORDNET ODER AUFERLEGT WERDEN. WER IN DEN INNEREN CIRCLE WILL, MUSS "EINGELADEN" WERDEN. UND WER JEMANDEN IN DEM INNEREN CIRCLE HABEN WILL, MUSS DIESE PERSON EINLADEN. DOCH WIE?

EINLADUNGEN SIND HANDLUNGEN, DIE DIE EIGENEN WERTEN VERANSCHAULICHEN. DIE PERSONEN, DIE DIESE WERTE TEILEN, WERDEN DIE EINLADUNG ANNEHMEN. ANDERE, WERDEN SIE ZURÜCKWEISEN. WER SICH VERSTELLT, DER WIRD KEIN VERTRAUEN AUFBAUEN, SONDERN DIE KOOPERATION AUF SAND BAUEN.

WAS SIND DEINE WERTE, UND WIE VERKÖRPERST DU SIE?

KAPITEL 11

VERANTWORTUNG & MOTIVATION

Die Leistung eines Athleten liegt in seiner eigenen Verantwortung. Damit meine ich mehr als nur das physische Training - auch die mentale Vorbereitung, Ernährung, Regeneration und die Einstellung zum Sport allgemein. Ein Athlet muss sich selbst motivieren, diszipliniert sein und sich kontinuierlich um die Verbesserung seiner Fähigkeiten und Techniken bemühen und verantwortlich fühlen. Er muss die Anweisungen und Ratschläge des Coaches umsetzen, aber **letztendlich hängt sein Erfolg von seiner eigenen Hingabe, seinem Einsatz und seiner Fähigkeit ab, sich Herausforderungen zu stellen und aus Erfahrungen zu lernen.** Diese Selbstverantwortung ist entscheidend, weil sie das Fundament für die Entwicklung des Athleten und seine Leistungen im Training und im Wettkampf bildet.

Auf der anderen Seite trägt der Coach die Verantwortung für die Strukturierung und Planung der Trainingseinheiten. Er entwickelt einen umfassenden Trainingsplan, der auf die individuellen Bedürfnisse und Ziele des Athleten abgestimmt ist. Der Coach plant die Trainingswochen, -monate, Saison und die langjährige Entwicklung. Er muss die Fähigkeiten und Grenzen des Athleten kennen, um ein effektives Trainingsprogramm zu erstellen, das sowohl Herausforderungen als auch Erfolge ermöglicht. Er entwickelt ein Erfolgssystem, das den Athleten unterstützt. Darüber hinaus ist es Aufgabe des Coaches, sicherzustellen, dass das Training abwechslungsreich und motivierend gestaltet ist und alle Aspekte der Athletenentwicklung berücksichtigt – von Technik und Taktik über physische Konditionierung bis hin zur mentalen Stärke. Der Coach spielt eine entscheidende Rolle bei der Anleitung und Unterstützung des Athleten, bietet Feedback und passt das Training bei Bedarf an.

In der Summe ergibt sich aus der Verantwortung des Athleten für seine eigene Leistung und der Verantwortung des Coaches für die Strukturierung des Erfolgssystems eine dynamische Beziehung, die auf gegenseitigem Vertrauen, Respekt und Zusammenarbeit beruht. Beide Parteien tragen entscheidend zum Erfolg bei, und ihr Zusammenspiel ist ausschlaggebend für die Erreichung der sportlichen Ziele.

„Trust the Process"

– Nick Saban

Diese Erkenntnisse kannst du erneut direkt auf die geschäftliche Ebene übertragen, insbesondere im Hinblick auf das Verhältnis zwischen dir als Führungskraft und deinem Team.

Genau wie im Sport liegt die Verantwortung für die Leistung jedes Einzelnen in erster Linie bei ihm selbst. Jeder ist verantwortlich für seine eigene Motivation, seine kontinuierliche persönliche und berufliche Entwicklung und für die Qualität seiner Arbeit. Mitarbeiter müssen die Bereitschaft zeigen, sich Herausforderungen zu stellen, aus Fehlern zu lernen und konstruktives Feedback umzusetzen. Diese Selbstverantwortung ist entscheidend für ihre individuelle Leistung sowie für den Beitrag zum Gesamterfolg des Unternehmens.

Auf der anderen Seite liegt es an dir, ihre Arbeit effektiv zu strukturieren und zu organisieren. Dies umfasst die Entwicklung klarer Ziele, die Planung von Projekten und die Zuweisung von Aufgaben, die auf die Stärken und Fähigkeiten der einzelnen Teammitglieder zugeschnitten sind oder ihnen helfen, ihre eigenen Fähigkeiten weiterzuentwickeln. Führungskräfte müssen ein unterstützendes Umfeld schaffen, in dem Mitarbeiter ihre Fähigkeiten voll entfalten können. Genauso wie Trainer im Sport, müssen Führungskräfte im Business die Balance zwischen Herausforderung und Unterstützung finden, um die Motivation und Produktivität ihres Teams zu maximieren.

Merke dir: Echte Motivation kommt immer von innen. Kein Coach oder Chef kann jemanden motivieren, der nicht bereits eine innere Antriebskraft besitzt. Die Rolle des Trainers oder der Führungskraft besteht vielmehr darin, Rahmenbedingungen zu schaffen, die diese innere Motivation anregen und auf ein Ziel lenken. Während Trainer und Führungskräfte eine inspirierende Umgebung schaffen können, liegt die Verantwortung, sich inspirieren zu lassen und diese Inspiration in Leistung umzusetzen, beim Athleten bzw. beim Mitarbeiter selbst.

Der „Coachende Athlet" im Berufsleben

In der Arbeitswelt wird jeder Einzelne zu einem „coachenden Athleten". Dies bedeutet, dass man gleichzeitig Coach für sich selbst und für andere ist, und als Athlet für den eigenen Erfolg einsteht. In dieser Doppelrolle definiert jeder Einzelne den Erfolg auf individuelle Weise, insbesondere wenn es um das Erreichen von Gipfeln geht.

„Der Weg ist das Ziel" ist hier eine entscheidende Betrachtungsweise. Oder um es mit den Worten des Footballcoach Nick Saban zu sagen „Trust the Process". Es ist wichtig zu erkennen, dass das eigene Ziel nicht mit dem Ziel anderer verwechselt werden darf. Wer sein eigenes Ziel im Auge behält, versteht, dass der wahre Wettbewerb ein innerer ist – man steht nur mit sich selbst in Konkurrenz.

Ich möchte dir das gern nochmal an einem Beispiel des Ausdauersports veranschaulichen. Auch wenn Athleten gemeinsam an der Startlinie stehen, bestreitet jeder sein eigenes Rennen. Es geht nicht darum, gegen andere zu kämpfen, sondern darum, die eigene beste Leistung zu erbringen. Ähnlich ist es bei Sprintern, die zwar gegeneinander antreten, aber doch jeder in seiner eigenen Bahn läuft. In Teamsportarten oder beim Boxen geht es ebenfalls darum, das bestmögliche Spiel zu spielen oder den besten Kampf zu führen, nicht nur darum, den Gegner zu besiegen.

Wer sein Bestes gibt und dennoch scheitert, hat vielleicht den Berg nicht erklommen, aber er war erfolgreich auf seinem Weg. Diese Erkenntnis ist sowohl im Sport als auch im Berufsleben entscheidend für eine gesunde, zielorientierte und selbstbestimmte Herangehensweise an Leistung und Erfolg.

Das ist auch der Grund, weshalb ich selbst Surfen und Ultra-Trail Running so liebe. Beim Surfen gibt es zwar immer den üblichen „Shit-Talk" nach einer Surf-Session, bei der Surfer darüber sprechen, wie viel besser sie gepaddelt sind als der andere oder wie viel größer die eigene Welle war. Das gehört dazu. Doch beim Surfen feiert jeder die Welle von jedem. Es ist nicht selten, dass Surf-Coaches, die ersten Wellen von Schülern einer anderen Surfschule feiern.

Bei (Ultra) Trail-Running ist das ähnlich. Es zählt, dass man gemeinsam an der Startlinie erscheint. Die Platzierung entscheidet sich im inneren Kampf. Wie gut man trainiert hat, wie gut man selbst vorbereitet ist und wie gut man die Strapazen des Wettkampfs verkraftet. Die Ersten, die durch das Ziel kommen, bleiben oft Stunden an der Ziellinie stehen, um denen Ehre zu erweisen, die nach ihnen die Ziellinie überqueren.

Ich habe mich bei einem 7 Tage Etappen Wettkampf mit einem Paar angefreundet. Wir hatten einen ähnlichen Leistungsstand und sind an jedem Tag mit einem Abstand von 15 Minuten ins Ziel gekommen und haben uns auf den Laufstrecken häufiger gesehen. Am letzten Etappentag, also im Gesamtziel, bin ich angekommen und habe die beiden den ganzen Tag über nicht gesehen. Im Ziel habe ich, nachdem ich mir ein verdientes Bier geöffnet habe, nach ihnen Ausschau gehalten und in der Tracking App nach ihrem Status geschaut. Ich habe mir Sorgen gemacht, dass sie die Cut-Off Zeit, also die reguläre Maximalzeit, um als Finisher zu gelten, nicht schaffen. Nach über 2 Stunden kamen die beiden geschafft und glücklich im Ziel an. Noch innerhalb der Cut-Off Zeit. Mir fiel ein Stein vom Herzen, denn ich stand nicht mit ihnen in Konkurrenz. Sie halfen mir, über die 7 Etappen mein

Bestes zu geben und ich hoffe, dass ich das Gleiche für sie tun konnte.

11 INFO-BOX

Jeder darf alles machen, solange er keinem anderen im Weg steht. Die größte Motivation entsteht, wenn man etwas macht, was man zu einem gewissen Grad kann, will und darf. Wo ist dein Sweet-Spot und wo sind die deiner Mitarbeiter?

Im Sport fällt meistens, es sei denn, es geht um eine Profi-Karriere, das „Dürfen" weg, da jeder den Sport ausüben darf, den er möchte und das ist auch gut so.

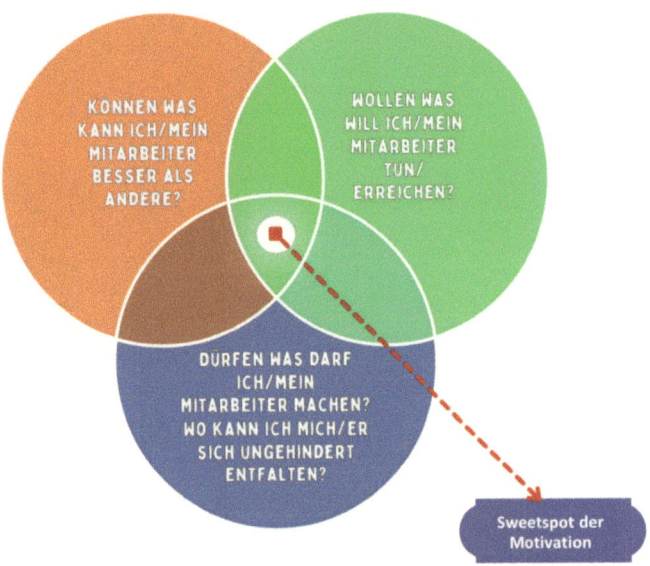

Das Venn-Diagramm zeigt auf, in welche Tätigkeiten jeder seine Energie fließen lassen sollte. Der 3-Klang aus dem, was du gut kannst, was du tun darfst und aus dem, was du tun willst, ist dabei

entscheidend. Frage dich, wo du und dein Unternehmen bzw. Team stehen, suche den Sweet-spot und zeige Leistung.

KAPITEL 12

LEISTUNGSDIAGNOSTIK UND -STEUERUNG

Zur Leistungsdiagnostik wird im Sport zunehmend auf wissenschaftliche Methoden zurückgegriffen, um die Leistungsfähigkeit der Athleten zu bestimmen und das Training effektiv zu steuern. Viele der im Sport angewandten Testverfahren stammen ursprünglich aus der Trainingslehre und wurden später von der wissenschaftlichen Gemeinschaft adaptiert bzw. deren Effektivität bestätigt und weiterentwickelt. Sie bieten wertvolle Einblicke in die physischen und physiologischen Aspekte der sportlichen Leistung, ermöglichen eine präzise Analyse und Bewertung der Leistungsfähigkeit und sind entscheidend für die Planung und Anpassung von Trainingseinheiten. Seit einigen Jahren hat sich das umgekehrt, da es immer genauere Messverfahren gibt, sodass die angewendeten Verfahren mehr und mehr aus der Wissenschaft kommen.

Für Ausdauersportler gibt es eine Reihe von Testverfahren, die verschiedene Leistungsaspekte messen:

1. **Spiroergometrie**: Dieser Test gilt als Goldstandard in der Leistungsdiagnostik. Er misst die kardiopulmonale Leistungsfähigkeit und bietet umfassende Einblicke in die aerobe und anaerobe Kapazität des Athleten.

2. **Laktattest**: Dieser Test bestimmt die Laktatschwellen und hilft dabei, die aerobe und anaerobe Leistungsfähigkeit zu beurteilen.

3. **Cooper-Test**: Ein Laufleistungstest, der die maximale Distanz misst, die ein Athlet in 12 Minuten zurücklegen kann.

4. **Conconi-Test**: Ein inkrementeller Test zur Bestimmung der anaeroben Schwelle.

5. **20-Minuten-Test**: Ein Test, der oft verwendet wird, um die maximale Ausdauerleistung über einen Zeitraum von 20 Minuten zu messen.

6. **Weitere spezifische Tests**: Abhängig von der Sportart und den individuellen Anforderungen des Athleten.

In meiner eigenen Praxis führe ich alle diese Tests, einschließlich eigens entwickelter Verfahren, mit meinen Athleten durch, mit Ausnahme der Spiroergometrie, für die ich externe Dienstleister nutze. Diese Tests sind entscheidend, um den Trainingserfolg und die Entwicklung meiner Athleten zu messen.

Durch diese Tests stelle ich sicher, dass genau die Aspekte gemessen werden, die für das Verständnis des aktuellen Leistungszustands und der körperlichen Eigenschaften des Sportlers wichtig sind. Sie bieten eine objektive Grundlage für die weitere Trainingsplanung und ermöglichen eine individuelle Anpassung des Trainings an die spezifischen Bedürfnisse jedes Athleten. Diese zielgerichtete Herangehensweise gewährleistet, dass das Training nicht nur effektiv, sondern auch effizient ist und die Athleten kontinuierlich Fortschritte in ihrer Leistungsfähigkeit machen. Im leistungsorientierten Sport, vor allem im Nachwuchssport, haben sich standardisierte Testverfahren etabliert, um direkte Vergleiche mit anderen Leistungssportlern ziehen zu können.

Im Business wird die Leistungsdiagnostik und Erfolgsmessung oft anders als im Sport betrieben, und es gibt eine Vielzahl von Methoden, die in verschiedenen Unternehmen und Kontexten angewendet werden. Hier nur eine kleine Auswahl aus den Themenbereichen Projektmanagement, Personalbewertung und -steuerung:

Projektsteuerung:

1. **Agile Projektsteuerung**: Diese Methode betont Flexibilität, kontinuierliche Verbesserung und Anpassungsfähigkeit. Sie wird oft in dynamischen Umgebungen genutzt, in denen schnelle Veränderungen und Anpassungen erforderlich sind.

2. **Wasserfall-Projekte**: Eine traditionellere Methode, bei der Projekte in sequenziellen Phasen geplant und durchgeführt werden. Jede Phase hängt von der Fertigstellung der vorherigen ab.

3. **Lean Management:** Das Eliminieren von unnötigen und überflüssigen Elementen bei der Projektarbeit, um eine Wertsteigerung für Kunden zu erzielen.
4. **Six-sigma:** Die Vermeidung von Fehlerquellen basierend auf definierten Methoden.

Personalbewertung -entwicklung und -steuerung:

1. **9-Box**: Ein Tool zur Bewertung von Mitarbeiterleistung und - potenzial, das oft für die Talententwicklung und Nachfolgeplanung verwendet wird.

2. **Assessment-Center**: Eine umfassende Methode, die verschiedene Arten von Tests und Übungen zur Bewertung von Fähigkeiten und Potenzialen nutzt.

3. **Fähigkeiten- und Fertigkeiten-Matrix**: Ein Werkzeug, das verwendet wird, um die spezifischen Fähigkeiten und Kompetenzen von Mitarbeitern zu identifizieren und zu bewerten.

Oftmals sind sich Führungskräfte nicht vollständig darüber im Klaren, was genau mit diesen Tools gemessen wird und warum sie eingesetzt werden. Im Berufsleben werden häufig standardisierte Methoden zur Leistungsmessung verwendet, unabhängig davon, ob sie für die spezifische Situation des Unternehmens oder des Mitarbeiters relevant sind. Dies führt dazu, dass Ergebnisse erzielt werden, die unternehmensweit vergleichbar sind, aber oft keine detaillierte Aussage darüber zulassen, wie sich der einzelne Mitarbeiter in einer spezifischen Situation verhält oder entwickeln muss.

Die Erkenntnis daraus ist, dass es keine „One-size-fits-all" Lösung in der Leistungsmessung und Mitarbeiterbewertung gibt. Jedes Unternehmen, jede Abteilung und jeder Mitarbeiter ist einzigartig, und daher erfordert es maßgeschneiderte Ansätze, um eine genaue und effektive Leistungsbewertung und -steuerung zu gewährleisten. Es ist wichtig, dass Führungskräfte verstehen, welche Werkzeuge für ihre spezifischen Bedürfnisse und Ziele am besten geeignet sind und wie sie diese Tools effektiv einsetzen können, um sowohl das individuelle Wachstum der Mitarbeiter als auch den gesamten Unternehmenserfolg zu fördern. Durch eine auf die jeweiligen Umstände abgestimmte Herangehensweise kannst du ein genaueres Bild der Leistung und des Potenzials deines Teams erhalten und so gezieltere Entwicklungspläne und Strategien erstellen.

In einigen Unternehmen werden alle Mitarbeiter basierend auf der Gaußverteilung bewertet. Das bedeutet, dass Mitarbeiter in die 25 Prozent schlechtesten, 50 Prozent durchschnittlichen und 25 besten Prozent eingeteilt werden **müssen**. Das gesamte Unternehmen wird basierend auf dieser, oder ähnlichen Methoden bewertet. So muss jeder Chef dies für sein Team machen, sprich: der Hauptabteilungsleiter für den Abteilungsleiter, der Abteilungsleiter für den Teamleiter und der Teamleiter für die Teammitglieder. In einigen Unternehmen ist der Bonus oder sogar die Zukunft des Mitarbeiters in dem Unternehmen hiervon abhängig. Aber es darf ja nicht nur „High-Performer" in einem Team geben. Also müssen 25 % der Mitarbeiter unter die Kategorie „schlechte Mitarbeiter" fallen. Und wenn die gleichen Personen 2 Jahre in Folge in dieser Kategorie bewertet werden, dann ist ihre Zukunft besiegelt. Und wer nur 1 Jahr am Stück in dieser Kategorie ist, der kann auf seinen variablen Anteil verzichten. Ist das fair? In einigen Fällen bestimmt. Aber in allen? Eher nicht.

Daher bin ich ein Freund von gezielter und maßgeschneiderter Steuerung und Messung. Wie im Sport. Für Unternehmens-, Abteilungs-, Team-, Projektsteuerung oder Personalentwicklung gibt es eine großartige Parallele im Sport:

Ein Athlet, der sich auf einen Wettkampf vorbereiten will (**mittelfristiges Ziel**) oder an einer Meisterschaft gut abschneiden will (**langfristiges Ziel**), muss zuerst seine Pläne mit seinem Umfeld (Frau, Kinder, Familie, Arbeit, Freunden) abklären. Im Berufsleben nennt man das **Stakeholdermanagement**.

Dann definiert der Athlet sein Ziel: Was will er mit welchem Aufwand bis zu dem Ziel investieren und was will der Athlet genau erreichen? (=**Projektauftrag / Soll-Zustand)**

Der Trainer und der Athlet planen vor dem Event – Deadline – zum heutigen Tag die groben Schritte. Urlaube, Ferien, Feiern werden berücksichtigt. (=**Grobplanung**)

Der Trainer definiert, wie fit der Athlet gerade ist. (=**Standortbestimmung / Ist-Zustand)**

Der Trainer plant für den Athleten die nächsten Wochen grob und die ersten 3 Wochen im Detail. (=**Detailplanung**)

Der Athlet trainiert und dokumentiert seinen Trainingsfortschritt. Welche Einheiten wurden absolviert, welche nicht und warum, welche liefen gut, welche nicht ... (=**Ausführung und Steuerung**)

Der Trainer prüft in regelmäßigen Abständen die Leistungsentwicklung des Athleten. (=**Fortschrittsprüfung**).

Der Trainer passt nach Fortschrittsprüfung den Trainingsplan an den neuen Ist-Stand des Athleten an. (=**Steuerung**)

Der Trainer passt bei unvorhergesehenen Ereignissen (Krankheit des Athleten, Verletzung, …) den Trainingsplan an.

Und es geht wieder weiter mit dem Plan der nächsten 3 Wochen.

Mit diesem Ansatz werden in Unternehmen Projekte geleitet, aber keine Mitarbeiter geführt. Gute Planung, Steuerung und Diagnostik wird auf Projekte fokussiert und nicht auf Mitarbeiter. Im Sport wird der Fokus auf den Athleten gelegt und dieser hat gemeinsam mit dem Coach das Ziel, das Projekt zum Erfolg zu führen. Alle Methoden aus dem Projektmanagement sind auch im Sport zu finden, nur mit einem klaren Unterschied: Im Sport sind die Methoden Athleten-zentriert, im Berufsleben Projekt oder Umsatz zentriert. Wer ein erfolgreiches und gesundes Unternehmen möchte, der muss nicht seine Mitarbeiter wie Projekte behandeln (planen, steuern, messen), sondern seine Mitarbeiter wie Athleten planen, steuern und messen und die Mitarbeiter als Verwirklichter der Projekte sehen. Es wird bei der Entwicklung von Mitarbeitern nicht immer alles „nach Plan" laufen. Ebenso wenig wie in Projekten. Aber daher gibt es die Leistungsmessung und -steuerung, um die Abweichungen vom Plan zu erkennen und mit den richtigen Maßnahmen gegenzusteuern.

12 INFO-BOX:

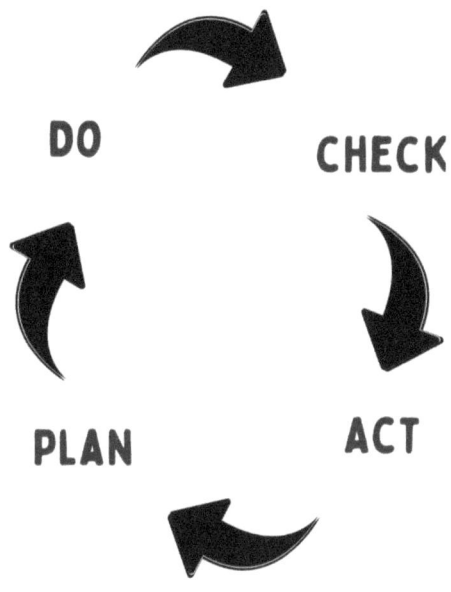

Der Plan-Do-Check-Act Zyklus (PDCA Zyklus) wird bei der Projektsteuerung und der Trainingsplanung immer durchlaufen. Ein Training oder Projekt wird geplant, dann durchgeführt, danach wird geprüft, ob die erwarteten Ergebnisse eingetroffen sind (Check) und, wenn die erwarteten Ergebnisse von den erzielten abweichen, werden Änderungen bei der nächsten Planung vorgenommen. Daher ist es wichtig, den Fortschritt zu messen und bei Bedarf Maßnahmen einzuleiten.

TRAININGSPROZESS
UMSETZUNG
DER ZIELE

LEISTUNGSDIAGNOSTIK
IST-ZUSTAND ERMITTELN

KONKRETE
TRAININGSPLANUNG

TRAININGSZIELE UND
-SCHWERPUNKTE SETZEN
(SOLL)

PDCA im Sport

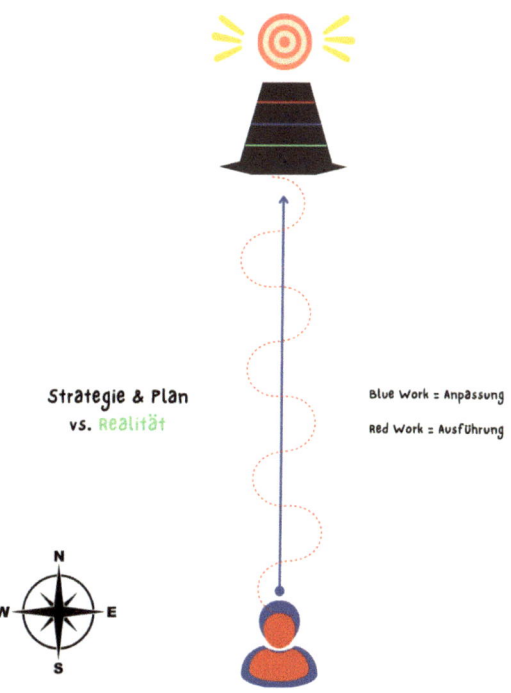

Strategie & Plan
vs. Realität

Blue Work = Anpassung
Red Work = Ausführung

Unsere Pläne sind meist geradlinige Wege zu dem Ziel
(blaue Linie). Jedoch ist die Realität nicht immer so gerad-
linig (rote Linie). Daher muss man einen Zielkorridor
haben. Der Zielkorridor beschreibt, ob man sich in die
richtige Richtung bewegt. Wie der Kompass andeutet, ist
es wichtig, sich in die Richtung von dem Ziel zu bewegen
(hier Norden) und nicht von dem Ziel weg. Daher ist es
immer wichtig, in regelmäßigen Abständen zu prüfen,
ob man dem Ziel nähergekommen ist und ob man sich
von der „Ideallinie" (blau) entfernt hat. Falls man in die falsche
Richtung gegangen ist oder sich von der Ideallinie entfernt hat,
muss man gegensteuern bzw. korrigieren. Wichtig ist: Man darf
sich auch mal verirren.

KAPITEL 13

WÄHLE DEINE PROFESSION

Nicht jeder Mensch ist gleichermaßen für jede Sportart geschaffen. Während einige Menschen geborene Läufer sind, glänzen andere im Boxen. Es gibt also eine breite Palette an Talenten und Vorlieben.

Ebenso ist es eine Tatsache, dass nicht jeder Athlet Gold bei den Olympischen Spielen gewinnen oder Weltrekorde brechen kann. Diese Leistungen sind für eine kleine Elite reserviert, deren Fähigkeiten, Umstände und Disziplin sie zu außergewöhnlichen Höhenflügen befähigen. Der **wahre Wert des Sports** liegt jedoch nicht nur in Medaillen und Weltrekorden, sondern auch in der **Freude und der persönlichen Entwicklung, die er bietet.** Der Schlüssel liegt darin, dich in deiner gewählten Sportart zu engagieren und der beste Athlet zu werden, der du sein kannst — unabhängig davon, ob du auf einer nationalen oder internationalen Bühne stehst oder nicht.

Wie bereits in Kapitel 5 erwähnt, ist in vielen Fällen die größte Konkurrenz, der du dich stellen musst, du selbst. Dies gilt sowohl im Sport als auch im Leben allgemein. Der Fortschritt und die Erfolge eines Menschen sollten nicht primär an den Leistungen anderer gemessen werden, sondern daran, wie weit er sich selbst im Vergleich zu seinen früheren Leistungen entwickelt hat. Du sollst deine persönliche Bestleistung erreichen und kontinuierlich an dir selbst arbeiten.

Im Berufsleben findet sich ebenfalls die Passung zwischen persönlichen Interessen, Fähigkeiten und der beruflichen Rolle wieder. Diese ist dort genauso entscheidend für das berufliche Glück und die Zufriedenheit. (Sieh dir hierzu nochmal die Info-Box aus Kapitel 11 an.) Du musst nicht unbedingt der beste Lehrer, der beste Arbeiter oder die beste Führungskraft sein, um im Berufsleben Erfolg und Erfüllung zu finden. Wichtig ist, eine Rolle zu finden, die deinen eigenen Stärken, Interessen und Leidenschaften entspricht. Um in der gewählten Tätigkeit gut zu werden, ist harte Arbeit unerlässlich. Du musst dein Bestes geben und dich kontinuierlich verbessern. Das ist nur dann möglich, wenn du eine Tätigkeit ausübst, in der du dann auch Erfüllung findest. Dies ermöglicht es dir, auch unliebsame Aufgaben mit Engagement und Hingabe anzugehen.

Ich selbst mag beispielsweise die Tempo-Einheiten jeden Mittwoch nicht, aber weiß, dass sie für meine Entwicklung als Läufer unerlässlich sind und ziehe deshalb trotzdem konsequent meine Laufschuhe an. Diese Einheiten sind zwar anstrengend, aber ich erkenne ihren Wert für mein übergeordnetes Ziel.

Ähnlich ist es im Business. Es gibt Tätigkeiten, die mehr mit Management als mit Leadership zu tun haben und die mir vielleicht nicht so liegen. Trotzdem gehören beide Aspekte zusammen, und ich führe Managementaufgaben mit derselben Hingabe aus wie Leadership-Aktivitäten. Das Verständnis, dass beide Bereiche für den Erfolg wichtig sind, hilft mir, auch die weniger bevorzugten Aufgaben effektiv und engagiert zu erledigen.

If it's your job to eat a frog, it's best to do it first thing in the morning. And If it's your job to eat two frogs, it's best to eat the biggest one first.

- Mark Twain

"Man sollte den größten Frosch zuerst essen."

Der Sweet-Spot, an dem sich Fähigkeiten, Passion und positive Resultate überschneiden, ist der Bereich, in dem man nicht nur am effektivsten ist, sondern auch die größte Zufriedenheit und Erfüllung findet. Um diesen Sweet-Spot zu identifizieren, ist es wichtig, folgende Aspekte zu berücksichtigen:

i. **Fähigkeiten**: Was sind meine Stärken? In welchen Bereichen habe ich besondere Fähigkeiten oder Talente, die mir einen Vorteil verschaffen?

ii. **Passion**: Was liebe ich zu tun? Welche Aktivitäten bereiten mir Freude und erfüllen mich?

iii. **Resultat**: Welche Ergebnisse erziele ich durch meine Aktivitäten? Wie tragen diese Ergebnisse zu meinem persönlichen oder beruflichen Erfolg bei?

Mein persönlicher Sweet-Spot beim Laufen

i. **Fähigkeit**: Ich habe die Fähigkeit, relativ lange Strecken zu laufen. Dies ist eine physische und psychische Stärke, die ich im Laufe der Zeit entwickelt habe.

ii. **Passion**: Das Laufen bereitet mir Freude und ermöglicht mir, abzuschalten und Stress abzubauen. Es ist eine Tätigkeit, die mir nicht nur körperlich, sondern auch mental guttut.

iii. **Resultat**: Während ich vielleicht nie gegen die Top-Läufer gewinnen werde, sehe ich kontinuierliche Verbesserungen in meiner eigenen Leistung. Diese stetige Entwicklung ist für mich ein wesentlicher Erfolg und Ansporn.

Aufgrund dieser Faktoren ist Laufen für mich ein wichtiger Teil meines Lebens, auch wenn ich damit nicht meinen Lebensunterhalt verdiene. Es ist eine Tätigkeit, die ich aus Liebe zum Sport und für meine persönliche Zufriedenheit ausübe.

13 INFO-BOX

Nun ist die Frage an dich: Was ist deine Profession und Passion? Wo finden sich deine Fähigkeiten, deine Leidenschaften und die Resultate, die dir wichtig sind, in einer perfekten Harmonie zusammen? Die Identifizierung deines Wirkungsbereichs kann ein Schlüssel zu tieferer beruflicher und persönlicher Zufriedenheit sein und dir dabei helfen, deine Energien und Talente in die richtigen Bahnen zu lenken.

Um deinen persönlichen Sweet-Spot zu finden, kannst du dir folgende Fragen stellen. Schau dir auch noch einmal die Info-Box aus Kapitel 11 an.

1.Fähigkeiten:

• *Was sind die Dinge, die du wirklich gut kannst?*

• *In welchen Bereichen erhalten du oft positives Feedback?*

• *Bei welchen Tätigkeiten fühlst du dich kompetent und selbstsicher?*

2.Passion:

• *Was sind die Aktivitäten, bei denen die Zeit wie im Flug vergeht?*

• *Welche Tätigkeit macht die so viel Spaß, dass du sie auch ohne Bezahlung tun würdest?*

• *Gibt es Themen oder Aufgaben, bei denen du immer wieder neue Energie und Inspiration findest?*

3. Resultate:

• *Welche Tätigkeiten bringen dir die meisten Erfolgserlebnisse?*

• *Bei welchen Aktivitäten siehst du deutliche Fortschritte und Verbesserungen?*

• *Was sind die Ergebnisse deiner Arbeit, auf die du besonders stolz bist?*

4. Übereinstimmung:

• *In welchen Bereichen überschneiden sich deine Fähigkeiten und deine Passionen?*

• *Gibt es Tätigkeiten, bei denen du sowohl gut bist und Spaß hast?*

• *Welche Arbeit bringt dir nicht nur Zufriedenheit, sondern auch sichtbare Ergebnisse?*

5. Persönliche Werte und Ziele:

- *Welche Tätigkeiten entsprechen am meisten deinen persönlichen Werten?*
- *Gibt es Ziele in deinem Leben, die durch bestimmte Aktivitäten oder Aufgaben gefördert werden?*

Setze dich hierzu an einem ruhigen Ort und nimm dir die Zeit, diese Fragen zu beantworten.

KAPITEL 14

NICHT JEDE EINHEIT (JEDER TASK) IST EIN WETTKAMPF

Im Sport, wie auch in anderen Lebensbereichen ist es wichtig zu verstehen, dass nicht jede Trainingseinheit oder jeder Task einem Wettkampf gleichkommt. Stattdessen dient das Training dazu, sich auf den Ernstfall – den Wettkampf – vorzubereiten.

Harte Trainingseinheiten und Wettkämpfe stellen eine höhere Belastung für Körper und Geist dar als moderate oder leichte Einheiten. Als Sportler und Coach ist mir bewusst, dass eine gesunde Mischung aus intensiven und weniger intensiven Einheiten notwendig ist, um das Training zu optimieren. Dies entspricht dem 80/20 Ansatz, also dem Paretoprinzip, dass ich dir im Kapitel 19 noch näher erläutern werde.

Wenn du im Training ständig Wettkampfbedingungen simulierst, benötigst du längere Erholungsphasen. Ohne diese Erholungsphasen kann das harte Training zu Übertraining und Erschöpfung führen, da die Pausen von erfolgsorientierten Sportlern nicht immer so ernst genommen werden, wie es sich Trainer wünschen. Auf der anderen Seite ist es auch kritisch, nie

Wettkampfbedingungen im Training zu simulieren. Die Simulation von Wettkampflänge, -geschwindigkeit und Ernährungsstrategien bereitet dich auf die tatsächlichen Belastungen und Situationen des Wettkampfes vor. Wenn du dies vernachlässigst, kannst du im echten Wettkampf von der Belastung und ungewohnten Situationen überrascht werden. Es ist daher entscheidend, **ein ausgewogenes Trainingsregime zu pflegen**, das sowohl die Simulation von Wettkampfbedingungen als auch angemessene Erholungsphasen beinhaltet.

Im Geschäftsleben kannst du eine Analogie zu sportlichem Training ziehen, indem du zwischen „Peacetime" – also den regulären Geschäftstätigkeiten – und „Wartime" – den Phasen mit immens hoher Belastung – unterscheidest. Diese Unterscheidung wurde von Ben Horowitz in seinem Buch „The hard thing about hard things" erklärt. In „Wartimes" ist die Regenerationszeit höher, da du und dein Team sich diesen extremen Belastungen nur für kurze Zeit aussetzen können und dementsprechend mehr Erholung benötigt.

Im „Training", also im normalen Geschäftsbetrieb, ist eine gute Mischung aus „Peacetime" und „War-Time" entscheidend, um gut auf die herausfordernden „War Times" vorbereitet zu sein. Dies ist besonders wichtig, da die immer größer werdenden Disruptionen in der VUCA-Welt (Volatility, Uncertainty, Complexity, Ambiguity) oft das Gefühl vermitteln, kontinuierlich in „War-Times" zu sein.

ABBILDUNG VUCA-TABELLE:

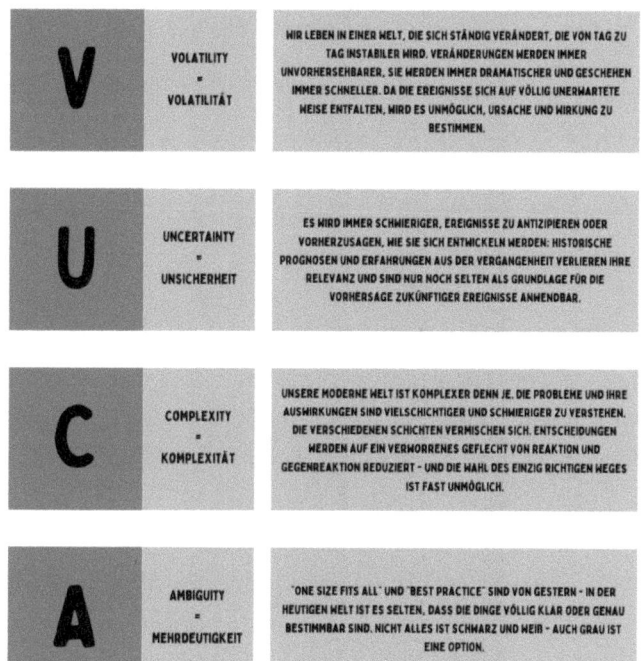

V VOLATILITY - VOLATILITÄT: WIR LEBEN IN EINER WELT, DIE SICH STÄNDIG VERÄNDERT, DIE VON TAG ZU TAG INSTABILER WIRD. VERÄNDERUNGEN WERDEN IMMER UNVORHERSEHBARER. SIE WERDEN IMMER DRAMATISCHER UND GESCHEHEN IMMER SCHNELLER. DA DIE EREIGNISSE SICH AUF VÖLLIG UNERWARTETE WEISE ENTFALTEN, WIRD ES UNMÖGLICH, URSACHE UND WIRKUNG ZU BESTIMMEN.

U UNCERTAINTY - UNSICHERHEIT: ES WIRD IMMER SCHWIERIGER, EREIGNISSE ZU ANTIZIPIEREN ODER VORHERZUSAGEN, WIE SIE SICH ENTWICKELN WERDEN: HISTORISCHE PROGNOSEN UND ERFAHRUNGEN AUS DER VERGANGENHEIT VERLIEREN IHRE RELEVANZ UND SIND NUR NOCH SELTEN ALS GRUNDLAGE FÜR DIE VORHERSAGE ZUKÜNFTIGER EREIGNISSE ANWENDBAR.

C COMPLEXITY - KOMPLEXITÄT: UNSERE MODERNE WELT IST KOMPLEXER DENN JE. DIE PROBLEME UND IHRE AUSWIRKUNGEN SIND VIELSCHICHTIGER UND SCHWIERIGER ZU VERSTEHEN. DIE VERSCHIEDENEN SCHICHTEN VERMISCHEN SICH. ENTSCHEIDUNGEN WERDEN AUF EIN VERWORRENES GEFLECHT VON REAKTION UND GEGENREAKTION REDUZIERT – UND DIE WAHL DES EINZIG RICHTIGEN WEGES IST FAST UNMÖGLICH.

A AMBIGUITY - MEHRDEUTIGKEIT: "ONE SIZE FITS ALL" UND "BEST PRACTICE" SIND VON GESTERN – IN DER HEUTIGEN WELT IST ES SELTEN, DASS DIE DINGE VÖLLIG KLAR ODER GENAU BESTIMMBAR SIND. NICHT ALLES IST SCHWARZ UND WEIß – AUCH GRAU IST EINE OPTION.

Die VUCA-Tabelle ist ein Rahmenwerk, das ursprünglich vom US-Militär entwickelt wurde, um die Komplexität und Unsicherheit in der modernen Welt zu beschreiben. Sie beschreibt die spezifischen Herausforderungen der heutigen Geschäfts- und Managementwelt und des sportlichen Trainings:

1. **Volatility (Volatilität):** Dies bezieht sich auf die Geschwindigkeit und das Ausmaß unerwarteter oder instabiler Veränderungen. Es erfordert schnelle Anpassungsfähigkeit und Flexibilität, um mit unvorhersehbaren Situationen umzugehen.

2. **Uncertainty (Unsicherheit):** Hier geht es um das Fehlen klarer Informationen oder die Unvorhersehbarkeit von Ereignissen

und Ergebnissen. Dies erfordert sorgfältige Analyse und Planung, um Risiken zu minimieren.

3. **Complexity (Komplexität):** Es gibt eine Vielzahl und Vernetzung von Faktoren, die Entscheidungen und Ergebnisse beeinflussen. In einer komplexen Umgebung müssen Führungskräfte systemisches Denken und kreative Problemlösungsfähigkeiten entwickeln.

4. **Ambiguity (Mehrdeutigkeit):** Ambiguity beschreibt die Mehrdeutigkeit oder Unklarheit von Informationen und Situationen. In solchen Kontexten ist es entscheidend, unterschiedliche Perspektiven zu berücksichtigen und flexibel im Denken zu sein, um effektive Entscheidungen zu treffen.

Die VUCA-Tabelle wird oft als Werkzeug zur Bewertung und Entwicklung von Strategien in dynamischen und unvorhersehbaren Umgebungen eingesetzt. Sie hilft Führungskräften und Organisationen, ein tieferes Verständnis für die Herausforderungen ihrer Umwelt zu entwickeln und entsprechend darauf zu reagieren.

In Wettkampfsituationen im Sport und in stressigen Phasen im Beruf, sind alle „negativen" Seiten der VUCA-Welt omnipräsent.

Es ist essenziell, dass du in intensiven Phasen deinen inneren Frieden findest, um langfristig Höchstleistungen erbringen zu können. Ein Beispiel hierfür ist der berühmte Sprinter Usain Bolt, der während seiner Vorbereitung auf die Olympischen Spiele bis zu 18 Stunden am Tag schlief. Dies wirft die Frage auf: Wie viel Regeneration gönnst du dir selbst in deinem Berufsleben? Nur wer ausreichend regeneriert, kann dauerhaft Höchstleistungen erbringen und sich den Herausforderungen der VUCA-Welt erfolgreich stellen.

14 INFO-BOX

Zum Glück gibt es für die VUCA Probleme auch VUCA Lösungen. Hast du die nötigen Lösungen für deine Abteilung /dein Unternehmen?

Unser Arbeitsumfeld — Welche Fähigkeiten brauchen wir, um in dieser VUCA-Welt erfolgreich zu sein?

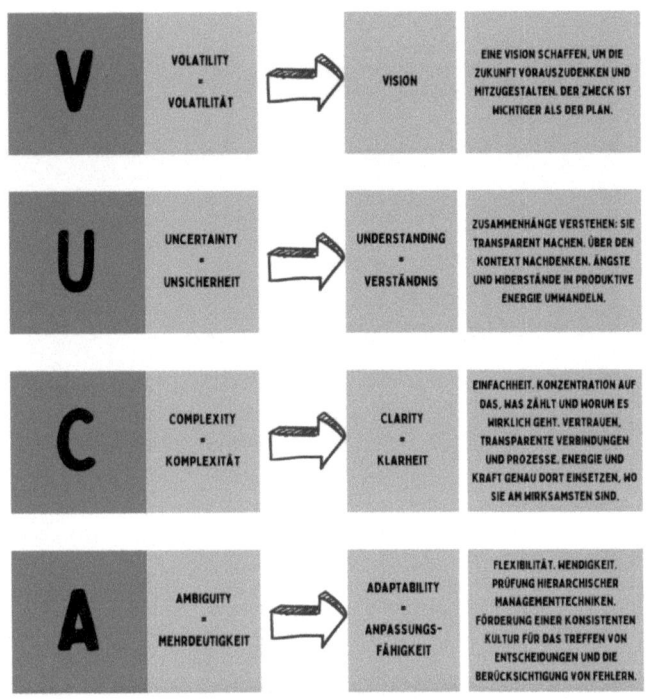

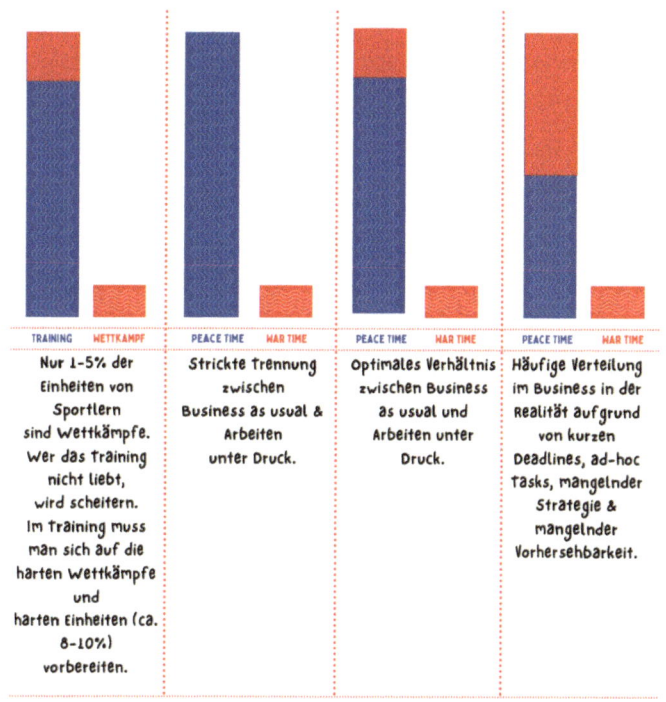

| TRAINING | WETTKAMPF | PEACE TIME | WAR TIME | PEACE TIME | WAR TIME | PEACE TIME | WAR TIME |

Nur 1–5% der Einheiten von Sportlern sind Wettkämpfe. Wer das Training nicht liebt, wird scheitern. Im Training muss man sich auf die harten Wettkämpfe und harten Einheiten (ca. 8–10%) vorbereiten.

Strickte Trennung zwischen Business as usual & Arbeiten unter Druck.

Optimales Verhältnis zwischen Business as usual und Arbeiten unter Druck.

Häufige Verteilung im Business in der Realität aufgrund von kurzen Deadlines, ad-hoc Tasks, mangelnder Strategie & mangelnder Vorhersehbarkeit.

WAS KANNST DU TUN, UM EIN OPTIMALES VERHÄLTNIS ZWISCHEN PEACE TIME & WAR TIME FÜR DICH UND DEIN TEAM HERZUSTELLEN?

Eine gute Mischung zwischen intensiven Arbeitsphasen und weniger intensiven Arbeitsphasen ist sehr wichtig. Das erste Säulendiagramm zeigt, wie das Verhältnis zwischen Training (links) und Wettkampf (rechts) ist. Die rote Spitze der Trainingssäule zeigt, dass auch im Training intensive Einheiten absolviert werden, aber nur wenige.

Nur ein kleiner Teil des Trainings ist hochintensiv. Das zweite bis vierte Diagramm zeigt, wie die Verteilung im Berufsleben ist. Das zweite Diagramm deutet an, wie sich Peacetime (Training) und Wartime (Wettkampf) verteilen würden, könnte man diese zu 100 % trennen. Das letzte Diagramm zeigt, dass im Beruf die intensiven Belastungen häufig mehr als 50 % der Zeit einnehmen, selbst wenn es nicht nötig wäre. Das dritte Diagramm zeigt, dass im Job eine Verteilung analog zum Sport optimal wäre. Die Frage, die du dir stellen solltest, ist, welche Tätigkeiten wirklich dringend und wichtig sind, und welche du und dein Unternehmen im „Peace-Mode" ausführen können?

KAPITEL 15

SPORTLER GLEICHEN IHRE SCHWÄCHEN AUS & HABEN EIN PROFI TEAM UM SICH - WAS HAST DU?

In der Welt des Sports ist es alltäglich, dass Athleten kontinuierlich an ihren Schwächen arbeiten und sich ein professionelles Team zur Unterstützung aufbauen. Dieses Kapitel beleuchtet, wie diese Prinzipien auch außerhalb des Sportbereichs angewendet werden können, insbesondere in unserer persönlichen und beruflichen Entwicklung.

Erfolgreiche Sportler sind sich ihrer Schwächen bewusst und investieren Zeit und Energie, um diese auszugleichen. Sie verstehen, dass das Überwinden von Schwachstellen genauso wichtig ist wie das Ausbauen ihrer Stärken. Das strukturierte Training basiert ganz auf dem Mantra: „Stärken stärken & Schwächen schwächen". Diese Herangehensweise ist auch in anderen Lebensbereichen relevant, sei es im Beruf, in der Führung, in der Bildung oder in zwischenmenschlichen Beziehungen.

Darüber hinaus scharen Sportler ein Profiteam um sich, um die Schwächen, die sie nicht durch Training ausgleichen können, durch ihr Umfeld ausgleichen zu lassen. Hinter jedem erfolgreichen Athleten steht ein Team aus Trainern, Ernährungsberatern, Physiotherapeuten, persönlichen Unterstützern und psychologischen Betreuern, die alle einen entscheidenden Beitrag zum Erfolg leisten. Dieses Kapitel regt dazu an, über dein eigenes „Profiteam" im Beruf nachzudenken: Wer sind die Menschen, die dich unterstützen, fördern und herausfordern? Wie kannst du dir ein Netzwerk aufbauen, das dir hilft, deine Ziele zu erreichen und deine Schwächen auszugleichen?

Erfolg ist niemals das Ergebnis der Arbeit eines Einzelnen. Erfolgreiche Menschen scharen erfolgreiche Menschen um sich, die sie bei ihrem Erfolg unterstützen. Häufig machen ambitionierte Athleten den Fehler und kaufen sich alle Massagepistolen, die den Physiotherapeuten ersetzen sollen, eine Hantelbank, die den Fitnesscoach ersetzen soll, und laden sich einen Trainingsplan aus dem Internet herunter, der den Coach ersetzen soll. Das Ergebnis ist zu häufig, dass sich Athleten Verletzungen zuziehen und dann versuchen, diese selbst zu kurieren. Keiner kann ein Experte in allem sein. Selbst erfahrene Physiotherapeuten, die Athleten sind, lassen sich von anderen Physiotherapeuten betreuen. Warum? Da man niemals sich selbst betreuen sollte.

Es gibt Schwächen, die man selbst abstellen kann, soll oder muss. So kann z.B. ein Läufer keinen einstellen, der „für ihn trainiert" und keine Führungskraft kann jemanden einstellen, der „für sie führt". Diese Kernkompetenzen müssen entwickelt und stetig verbessert werden.

Doch nicht jede Führungskraft muss gut im Projektmanagement sein oder es gerne machen. Nicht jede Führungskraft ist ein geborener Rhetoriker oder Analyst. Wichtig ist zu wissen, was die eigenen Kernkompetenzen sind, die gestärkt werden müssen und was die eigenen Schwächen sind. Und demnach auch zu wissen, welche dieser Schwächen in einem selbst „geschwächt" werden müssen und welche durch ein Team von Profis ausgeglichen werden können.

15 INFO-BOX

Um ein effektives Unterstützungsnetzwerk aufzubauen und Schwächen gezielt anzugehen, kannst du als Führungskraft wertvolle Einsichten aus der Sportwelt übernehmen:

1. **Selbstbewusstsein und Selbstreflexion:** *Wie ein Sportler muss eine Führungskraft zuerst ihre Stärken und Schwächen erkennen. Dies erfordert ehrliche Selbstreflexion und manchmal Feedback von Kollegen und Mentoren. Ein tiefes Verständnis der eigenen Kompetenzen ermöglicht es, gezielt an Schwachstellen zu arbeiten und ein Team zu formen, das diese Schwächen ausgleicht.*

2. **Aufbau eines vielseitigen Teams:** *In der Sportwelt besteht ein Team aus verschiedenen Experten wie Trainern, Ernährungsberatern und Physiotherapeuten. Im Berufsleben sollte eine Führungskraft ein diversifiziertes Team mit Komplementärkompetenzen zusammenstellen. Dies bedeutet, Mitarbeiter einzustellen oder zu fördern, die Fähigkeiten besitzen, die der Führungskraft selbst fehlen. Bei der Wahl dieser Mitarbeiter ist es häufig wichtig, dass man nicht nur auf Sympathie setzt. Sympathisch sind einem meistens die Eigenschaften in anderen, die man selbst schon besitzt.*

3. **Mentoring und Coaching:** *Sportler profitieren enorm von ihren Trainern. Ähnlich sollten Führungskräfte Mentoren und Coaches suchen, die sie bei ihrer Entwicklung unterstützen. Dies kann durch interne Mentoring-Programme,*

professionelles Coaching oder durch den Aufbau eines informellen Netzwerks von Beratern erfolgen.

4. **Ständige Weiterbildung:** *Genau wie Sportler ständig trainieren, um in Form zu bleiben, müssen Führungskräfte sich stetig weiterbilden. Dies kann durch formelle Schulungen, Workshops, Konferenzen oder durch kontinuierliches Lesen und Lernen geschehen.*

5. **Feedback-Kultur etablieren:** *Im Sport ist konstantes Feedback unerlässlich. Eine Führungskraft sollte eine Kultur schaffen, in der regelmäßiges, konstruktives Feedback gegeben und empfangen wird. Dies hilft nicht nur der individuellen Entwicklung, sondern stärkt auch das gesamte Team.*

6. **Work-Life-Balance:** *Usain Bolt's hohe Schlafzeiten während der Vorbereitung zeigen, wie wichtig Erholung ist. Führungskräfte müssen darauf achten, ein gesundes Gleichgewicht zwischen Arbeit und Privatleben zu halten und dies auch im Team zu fördern.*

Nun bist du am Zug. Frage dich selbst an dieser Stelle:

Was ist deine Kernkompetenz?

Was sind deine Stärken?

Was sind deine Schwächen? *(Hierfür kannst du dir auch Kapitel 20 ansehen.)*

Frage hierzu auch deinen Chef und deine Kollegen, wie sie dich sehen. Oft können Außenstehende andere Dinge an uns wahrnehmen, die wir selbst gar nicht sehen. Hast du das gemacht, dann überlege dir auch, **welche deiner Schwächen du durch ein Team von Profis in Stärken wandeln kannst und welche du selbst in Stärken verwandeln musst.**

KAPITEL 16

WAS IST DEIN BIG-MAC?

Was ist dein Big Mac? Diese Frage mag auf den ersten Blick trivial erscheinen, aber sie birgt eine tiefe Metapher für Entscheidungsfindung und Zielverfolgung in sich. Der Big Mac steht hierbei symbolisch für Entscheidungen und Handlungen, die kurzfristige Befriedigung bieten, aber langfristig unseren Zielen und Bestrebungen entgegenstehen.

In der Welt des Sports ist das klar erkennbar. Ein Sportler, der auf sein Wettkampfgewicht kommen möchte, muss auf seine Ernährung achten. Der kurzfristige Genuss eines Big Macs mag zwar unmittelbare Zufriedenheit bringen, lenkt aber vom langfristigen Ziel der Fitness und Gesundheit ab. Diese Metapher lässt sich auf viele Bereiche des Lebens übertragen, sei es in der Karriere, der persönlichen Entwicklung oder in Beziehungen.

Du musst das Gleichgewicht zwischen hedonistischen Impulsen — dem Verlangen nach sofortiger Befriedigung — und der Verfolgung langfristiger Ziele finden. Häufig stehen wir vor der Wahl, etwas zu tun, was wir kurzfristig wollen, aber langfristig nicht sollten (wie der Genuss des Big Macs), und Dinge, die wir tun sollten, um unsere Ziele zu erreichen, aber vielleicht nicht wollen (wie das Einhalten strenger Ernährungsvorgaben).

Profi- und Extremsportler verstehen sehr früh in ihrer Karriere die Bedeutung der Disziplin und der langfristigen Planung. Sie erkennen, dass die Entscheidungen, die sie heute treffen — sei es in Bezug auf Ernährung, Schlaf oder Trainingsmethoden — einen direkten Einfluss auf ihren zukünftigen Erfolg haben. **„You can't outtrain a bad nutrition."** Dies unterstreicht die Tatsache, dass man durch Training allein keine schlechte Ernährung ausgleichen kann. Die Qualität der Ernährung ist ein entscheidender Faktor für die Leistungsfähigkeit und den Erfolg eines Athleten. So wird der Sportler, der ab heute gesünder isst, besser schläft und effektiver trainiert, im nächsten Jahr wahrscheinlich erfolgreicher sein als jener, der dies vernachlässigt.

Eine wichtige Frage, die du dir immer stellen solltest, lautet: „Hilft das, was ich tun will, dabei zu werden, was ich sein will?" Sie zwingt dich, über den unmittelbaren Moment hinauszudenken und zu überlegen, ob deine täglichen Entscheidungen und Aktivitäten dich näher an deine langfristigen Ziele und das gewünschte Selbstbild bringen.

Ernährung umstellen, nicht feiern, weniger Freizeit mit Freunden — all das muss man nicht nur akzeptieren, sondern auch wirklich wollen. Erfolg erfordert oft Verzicht. Kein Leistungssportler geht regelmäßig feiern, gibt sich Gelüsten hin oder verbringt so viel Freizeit mit Freunden wie der durchschnittliche Arbeitnehmer. Das ist der Preis des Erfolgs und der Höchstleistung. „Hard work pays off" — und wer hart arbeitet, der verzichtet auch häufig.
Aber der Erfolg wird sich zwangsläufig einstellen.

Wenn ich mich für einen Wettkampf angemeldet habe, stelle ich meine Ernährung und meinen Schlaf um. Ich arbeite mit wissenschaftlichen Methoden an meiner Leistungssteigerung. Ich meide fast alle Partys, und wenn ich doch einmal hingehe, fahre ich mit dem Auto, um nichts zu trinken und früh nach Hause gehen zu können bzw. zu müssen. Wer schon einmal ohne Alkohol auf einer Party war, auf der fast jeder etwas getrunken hat, der weiß, wovon ich rede. Diese Entscheidungen sind nicht immer leicht, aber sie sind entscheidend, um meine Ziele zu erreichen und das zu werden, was ich sein möchte. Jede Wahl, die ich treffe, ob im Beruf, in meiner persönlichen Entwicklung oder in meinem sozialen Leben, wird durch diese grundlegende Frage geleitet. Sie hilft mir, fokussiert und auf Kurs zu bleiben.

Die Bereitschaft, das aufs Spiel zu setzen, was du bist, um zu werden, was du sein möchtest, ist ein weiterer entscheidender Aspekt der persönlichen und beruflichen Entwicklung. Diese Einstellung erfordert Mut und die Fähigkeit, aus der eigenen Komfortzone herauszutreten. Du musst dafür bekannte und sichere Pfade verlassen, um neue Herausforderungen anzunehmen und das eigene Potenzial voll auszuschöpfen. Das beinhaltet beispielsweise Risiken einzugehen, sich neuen Lernmöglichkeiten zu öffnen oder bewährte Verhaltensweisen zu ändern, um dich weiterzuentwickeln. Du fragst dich jetzt vielleicht „welches Risiko"? Hier nur ein Beispiel: Es ist riskant, seinen Freunden abzusagen und das über Jahre, um erfolgreich zu sein. Denn Erfolg kann einsam machen.

Das frühe Erlernen und konsequente Anwenden des Prinzips, jede Entscheidung danach zu bewerten, ob sie dazu beiträgt, die gewünschte Person zu werden, die gewünschte Abteilung zu formen oder das angestrebte Geschäft aufzubauen, ist entscheidend für langfristigen Erfolg und Zufriedenheit. Frage dich kontinuierlich: „Zahlt das darauf ein, die Person zu werden, die ich sein möchte, die Abteilung zu schaffen, die ich führen möchte, oder das Geschäft zu erreichen, das ich mir vorstelle? Wenn nicht, dann sollte ich es nicht tun."

Diese Haltung erfordert eine klare Vorstellung davon, was du erreichen möchtest, und die Disziplin, konsequent danach zu handeln. Die Investition – sei es Zeit, Energie oder Ressourcen – in Aktivitäten oder Entscheidungen sollte immer im Verhältnis zum erwarteten Nutzen stehen. Dies impliziert auch, dass du nicht mehr von anderen erwartest, als du selbst zu geben bereit bist.

Integrität, Konsistenz und Authentizität in deinen Handlungen sind Schlüsselelemente, um nicht nur persönlichen Erfolg zu erreichen, sondern auch um ein Vorbild und eine Inspirationsquelle für andere zu sein. Die Big-Mac-Metapher lehrt dich, dass nachhaltige Zufriedenheit und Erfolg oft das Ergebnis von Disziplin, Voraussicht und der Fähigkeit sind, kurzfristige Verlockungen zugunsten langfristiger Vorteile zu überwinden. Jede Wahl, die du triffst, ob im Berufsleben, in deiner persönlichen Entwicklung oder im Umgang mit anderen, sollte sorgfältig abgewogen werden, um sicherzustellen, dass sie dich deinem „Wettkampfgewicht" – deinen ultimativen Zielen – näherbringt und nicht davon entfernt.

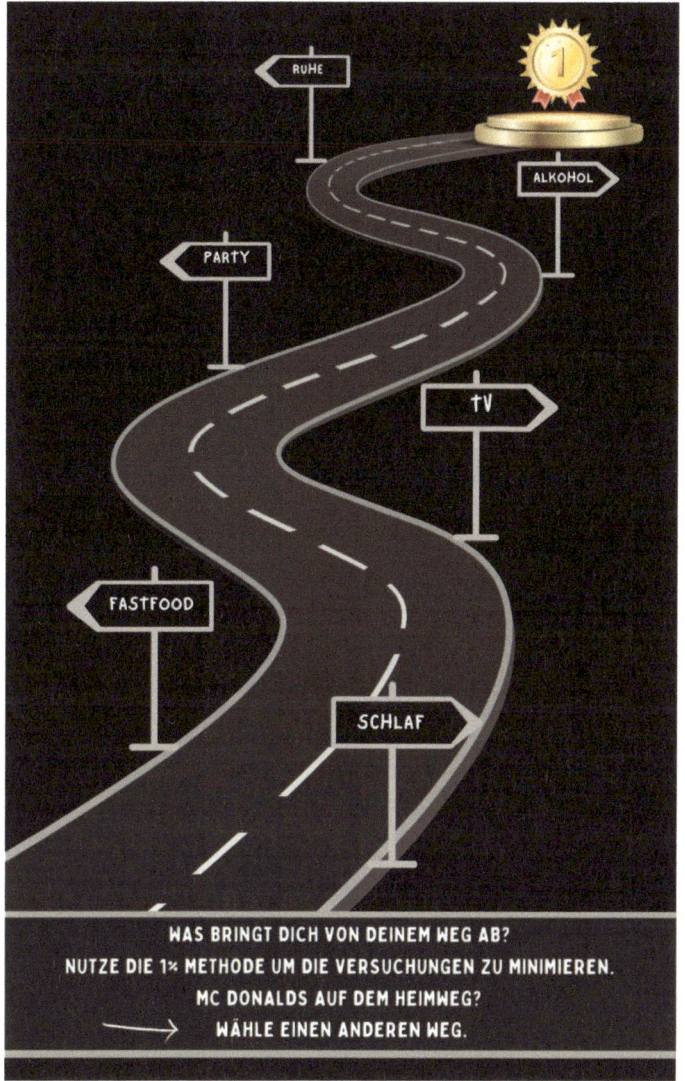

Ablenkungen vom Weg gibt es in nahezu allen Formen und Far-
ben. Wer ein Ziel hat, darf sich jedoch nicht von jeder Kleinigkeit
ablenken lassen. Die Grafik zeigt, dass viele Ablenkungen dich
von deinem Weg abbringen können. Für deinen Erfolg ist es wich-
tig, den Ablenkungen aus dem Weg zu gehen oder die Ablenkun-
gen mit etwas Produktivem zu verbinden. Sportler dehnen sich
beim Fernsehen, was machst du?

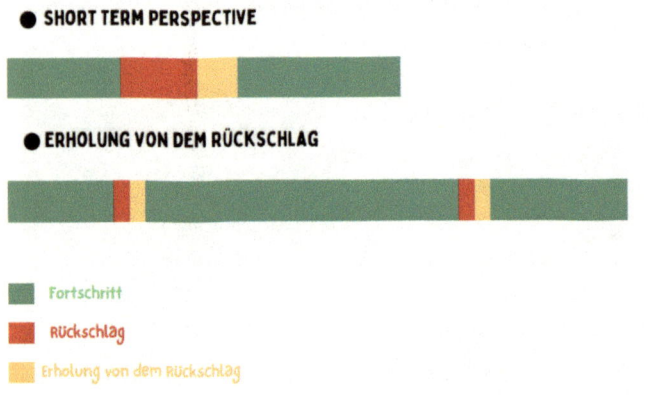

● **SHORT TERM PERSPECTIVE**

● **ERHOLUNG VON DEM RÜCKSCHLAG**

▮ Fortschritt

▮ Rückschlag

▮ Erholung von dem Rückschlag

Rückschläge wirken häufig wie Scheitern auf der ganzen Linie,
wenn man sie kurzfristig betrachtet. Jedoch sind die meisten
Rückschläge in der Langzeitbetrachtung nur kleine Teile des ge-
samten Wegs zum Ziel. Sie sind Teil des Prozesses und in der Be-
trachtung über einen längeren Zeitraum auch nicht ausschlagge-
bend. Rückschläge wird es auch immer geben. Du musst nur
darauf achten, dass sie nicht die Oberhand gewinnen. Denn du
kannst dich von Rückschlägen erholen, auch wenn es seine Zeit
benötigt.

KAPITEL 17

UNTERSCHEIDE ZWISCHEN GEWINNEN UND SIEGEN

Gewinnen und Siegen werden oft synonym verwendet, doch tatsächlich bedeuten die beiden Worte nicht dasselbe. Lass mich dir das am Beispiel eines 100-Meilen-Rennens (ungefähr 161 Kilometer) verdeutlichen. Siegen in einem solchen Rennen bedeutet nicht unbedingt, als Erster die Ziellinie zu überqueren. Vielmehr spielt es dabei eine Rolle, persönliche Ziele zu erreichen und eigene Grenzen zu überschreiten. Ein Läufer kann in einem 100-Meilen-Rennen siegen, auch wenn er als Letzter ins Ziel kommt. Dieser Sieg liegt in seiner persönlichen Leistung, in der Überwindung von mentalen und physischen Herausforderungen und in der Beständigkeit, ein solch anspruchsvolles Rennen wirklich zu beenden.

Das Konzept des Siegens in diesem Kontext ist tiefgründiger und individueller. Es geht um die persönliche Entwicklung, den Mut, sich Herausforderungen zu stellen, und die Ausdauer, sie zu meistern. Ein solcher Sieg ist oft wertvoller als ein bloßer Gewinn, weil er von innerem Wachstum, Selbstüberwindung und der Erreichung persönlicher Bestleistungen zeugt. In diesem Sinne kann jeder Teilnehmer eines solchen Rennens ein Sieger sein, unabhängig von seiner Platzierung im Wettbewerb. Diese Perspektive betont die Bedeutung des persönlichen Fortschritts und der Selbstüberwindung über die konventionelle Auffassung von Gewinnen, die oft nur den ersten Platz als Erfolg wertet.

Der bekannte Ausspruch „Der Weg ist das Ziel" betont, dass der wahre Wert und Erfolg in der Reise selbst liegt, nicht nur im Erreichen des Endziels. Es geht vielmehr darum, wie man sich auf der Reise verändert und weiterentwickelt. Für viele Athleten liegt die wahre Befriedigung und der eigentliche Sieg in der stetigen Entwicklung, dem täglichen Training, den überwundenen Herausforderungen und den geleisteten Opfern auf dem Weg zum Ziel. Es ist die Erfahrung, das Lernen und das Wachsen während der Vorbereitung, die oft mehr Bedeutung und Wert haben als das eigentliche Erreichen des Ziels.

In engem Zusammenhang mit dieser Philosophie steht die Notwendigkeit für dich als Sportler, das Training selbst zu lieben und nicht nur den Wettkampf. Der Wettkampf ist nur ein kurzer Moment, eine Momentaufnahme der Leistung, während das Training den Großteil der Zeit und des Engagements eines Athleten ausmacht. Wenn du das Training liebst, findest du Freude an der täglichen Routine, den kleinen Verbesserungen, den Rückschlägen und den Erfolgen, die alle Teil des größeren Prozesses sind. Diese Liebe zum Training ist entscheidend, denn sie ist die treibende Kraft hinter der Disziplin und Hingabe, die erforderlich sind, um Höchstleistungen zu erzielen.

Der Glanz und die Anerkennung, die ein Läufer während der wenigen Minuten des Ruhms im Rampenlicht genießt, sind tatsächlich das Ergebnis von hunderten, wenn nicht tausenden Stunden harter Arbeit im Verborgenen. Diese Stunden in der „Dunkelheit", wo keiner zusieht, beinhalten unzählige Trainingseinheiten, frühe Morgenstunden, späte Abende, Schmerzen, Müdigkeit und Selbstzweifel. Es ist die Zeit, in der ein Sportler konsequent an seinen Fähigkeiten feilt, seine Grenzen auslotet und seine Strategie verfeinert. Diese unermüdliche Hingabe und der unerschütterliche Einsatz im Verborgenen sind es, die den Grundstein für die Momente des Ruhms legen. Der sichtbare Erfolg ist nur die Spitze des Eisbergs; der größte Teil der Arbeit bleibt für Außenstehende unsichtbar.

Für Manager, die ebenso wie Leistungssportler am Ergebnis gemessen werden, ist die kontinuierliche (Selbst)Verbesserung ebenso wichtig. Wer sich nicht darauf einstellt, dass der wahre Erfolg in der kontinuierlichen, oft unsichtbaren Arbeit liegt, wird es schwer haben, im Geschäftsleben erfolgreich zu sein. In der Geschäftswelt, ähnlich wie im Sport, werden die sichtbaren Erfolge und Durchbrüche durch unzählige Stunden an Vorbereitung, Planung, Misserfolgen und Lernprozessen erreicht. Eine Führungskraft oder ein Mitarbeiter, der nur nach schnellem Ruhm und Anerkennung strebt, ohne die Bereitschaft zu zeigen, die notwendige harte Arbeit im Hintergrund zu leisten, wird es schwer finden, nachhaltigen Erfolg zu erzielen. Die Fähigkeit, die Bedeutung und den Wert der „Arbeit in der Dunkelheit" zu erkennen und zu schätzen, ist ein Schlüssel zum Erfolg in jedem Bereich des Lebens:

Bedeutung von Ausdauer und Hingabe: Genau wie ein Athlet, der unzählige Stunden im Training verbringt, musst du als Führungskraft verstehen, dass echter Erfolg oft das Ergebnis langfristiger Anstrengungen und Beständigkeit ist. Verpflichte dich auch dann dem Weg, wenn die Ergebnisse nicht sofort sichtbar sind.

Wertschätzung des Prozesses: Du solltest den Prozess und die kleinen Schritte auf dem Weg zum Ziel wertschätzen. Du musst lernen, nicht nur das Endziel, sondern auch die Fortschritte und Lernmomente auf dem Weg dorthin zu schätzen.

Erkenntnis, dass Vorbereitung entscheidend ist: Hinter jedem Erfolg steckt intensive Vorbereitung. Als Führungskraft solltest du bereit sein, in die notwendige Vorarbeit zu investieren, sei es durch Forschung, Planung oder Entwicklung von Strategien.

Förderung einer Kultur der harten Arbeit: Wie im Sport, so ist auch im Geschäftsleben harte Arbeit unerlässlich. Fördere eine Kultur, die Fleiß und Engagement wertschätzt und dabei unterstützt, dass deine Mitarbeiter ihre Fähigkeiten und Kompetenzen kontinuierlich weiterentwickeln.

17   INFO-BOX

Egal, was deine Ziele sind und in was DU siegen willst.
Es müssen deine Ziele sein. Fremdgesteuerte Erfolge
sind nur kurzfristig erfüllend:

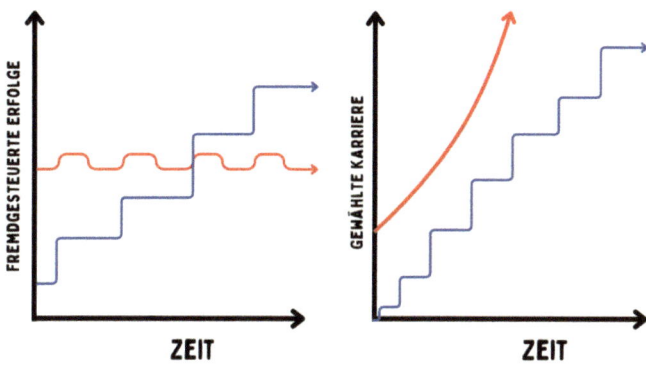

Das linke Diagramm zeigt, wie sich deine Freude (rot)
verhält, wenn du Ziele verfolgst, die nicht deine sind.
Mit jedem Erfolg (blau) steigt deine Laune nur kurzzeitig
an. Das rechte Diagramm zeigt, wie sich deine Freude
exponentiell steigert, wenn du Ziele verfolgst, die wirk-
lich von dir gewählt sind. Das gilt auch für dein Team.
Mach deine Ziele zu euren Zielen.

KAPITEL 18

GENERALISTEN VS. SPEZIALISTEN

In seinem Buch „Range" zieht David Epstein einen faszinierenden Vergleich zwischen zwei der größten Athleten unserer Zeit: Tiger Woods und Roger Federer. Ihre Geschichten sind nicht nur ein Zeugnis ihres unbestreitbaren Talents und ihrer Hingabe, sondern auch ein Einblick in die unterschiedlichen Wege zum Erfolg durch frühe oder späte Spezialisierung.

Tiger Woods ist das Paradebeispiel für frühe Spezialisierung. Seine Geschichte ist legendär: Schon im zarten Alter von zwei Jahren stand er im nationalen Fernsehen und demonstrierte sein außergewöhnliches Golftalent. Von seinem Vater Earl Woods streng trainiert, war Tiger früh auf Golf fokussiert und entwickelte sich schnell zu einem absoluten Phänomen. Er dominierte die Golfwelt wie kaum ein anderer und seine Karriere ist geprägt von einer beispiellosen Reihe von Siegen und Rekorden. Tiger Woods' frühe, intensive Spezialisierung machte ihn zu einem der größten Golfer aller Zeiten.

Im Gegensatz dazu steht Roger Federer, dessen Weg zur Tennislegende ganz anders verlief. Anders als Woods erlebte Federer eine vielfältigere sportliche Kindheit. Er spielte nicht nur Tennis, sondern war auch in anderen Sportarten wie Fußball, Skifahren oder Ringen aktiv und genoss eine breitere Palette an Aktivitäten. Diese vielseitige Entwicklung ermöglichte es ihm, eine große Bandbreite an Fähigkeiten und eine bemerkenswerte Koordination zu entwickeln. Federers späte Spezialisierung gab ihm ein breites Fundament an Fähigkeiten, auf dem er aufbauen konnte, was ihn zu einem der vielseitigsten und langlebigsten Spieler im Tennis machte.

In der Heidelberger Ballschule wird ein ähnlicher Ansatz verfolgt, der die Idee der späten Spezialisierung in Ballsportarten veranschaulicht. Diese Philosophie steht in starkem Kontrast zu traditionellen Trainingsmethoden und erzählt eine Geschichte, die die Bedeutung von Vielseitigkeit und umfassender Entwicklung hervorhebt.

Die Heidelberger Ballschule, gegründet von Prof. Dr. Klaus Roth, basiert auf dem Prinzip, dass Kinder zunächst ein breites Spektrum an motorischen Fähigkeiten und allgemeinen Ballfertigkeiten entwickeln sollten, bevor sie sich auf eine spezifische Ballsportart spezialisieren. Anstatt Kinder frühzeitig in eine einzige Sportart zu drängen, fördert die Ballschule eine vielseitige Entwicklung, in der Kinder lernen, mit verschiedenen Ballarten umzugehen, vielfältige Bewegungsabläufe zu meistern und ein tiefes Verständnis für Spielkonzepte zu entwickeln.

Diese Herangehensweise hat sich als äußerst effektiv erwiesen. Kinder, die in der Heidelberger Ballschule trainieren, zeigen nicht nur eine verbesserte motorische Entwicklung, sondern entwickeln auch ein besseres Spielverständnis, Kreativität und Teamfähigkeit. Der späte Übergang zur sportartspezifischen Spezialisierung ermöglicht es ihnen, ihre zuvor erworbenen allgemeinen

Fähigkeiten auf die spezifischen Anforderungen einer bestimmten Ballsportart zu übertragen.

Auch im Langstreckenlauf gibt es ähnliche Beispiele zum Erfolg von Generalisierung. Einige Profiläufer können beeindruckende Leistungen in verschiedenen Distanzen erbringen. Diese Athleten sind in der Lage, Marathons in weniger als 2 Stunden und 15 Minuten zu laufen, 10 Kilometer in rund 30 Minuten zu bewältigen und die Meile in unter 4 Minuten zu absolvieren. Ihre Geschichten erzählen von einer bemerkenswerten Vielseitigkeit und Anpassungsfähigkeit, die über die Spezialisierung auf eine einzige Distanz hinausgeht.

Diese Athleten verkörpern das Prinzip, dass, selbst wenn man sich auf spezielle Distanzen oder Wettkämpfe vorbereitet, man **das Gesamtbild nicht aus den Augen verlieren darf.** Sie trainieren nicht nur für eine spezifische Distanz, sondern entwickeln ein breites Spektrum an Fähigkeiten, die es ihnen ermöglichen, auf verschiedenen Strecken erfolgreich zu sein. Diese Vielseitigkeit ist das Ergebnis eines umfassenden Trainingsansatzes, der verschiedene Aspekte der Laufleistung berücksichtigt – von Geschwindigkeit und Ausdauer bis hin zu Taktik und mentaler Stärke.

Die Geschichte von Michael Jordan, einem der größten Basketballspieler aller Zeiten, ist ein weiteres Beispiel für bemerkenswerten Wandel und Vielseitigkeit. Bevor Jordan zu einer Legende der NBA und als „GOAT" (Greatest of All Time) im Basketball gefeiert wurde, verfolgte er nämlich eine Karriere im Profi-Baseball, ein Schritt, der viele seiner Fans und Kritiker gleichermaßen überraschte.

Jordans Ausflug in die Welt des Baseballs war nicht nur ein Ausdruck seiner Liebe zum Sport, sondern auch ein Tribut an seinen verstorbenen Vater, der immer davon geträumt hatte, dass sein Sohn Baseballspieler wird. Nachdem er drei NBA-Meisterschaften mit den Chicago Bulls gewonnen hatte, verließ Jordan 1993 überraschend die Basketballwelt und schloss sich den Birmingham Barons, einem Minor-League-Baseballteam, an. Seine Baseballkarriere war zwar kurz und nicht von dem gleichen Ausmaß an Erfolg geprägt wie seine Basketballkarriere, aber sie zeigte Jordans Bereitschaft, neue Herausforderungen anzunehmen und sich außerhalb seiner Komfortzone zu bewegen.

Aus den Geschichten von Sportgrößen wie Michael Jordan und den Erkenntnissen aus Programmen wie der Heidelberger Ballschule kannst du dir als Führungskraft eine wichtige Erkenntnis ableiten: **Die Balance zwischen Spezialisierung und Generalisierung ist entscheidend für langfristigen Erfolg.** Für dich und dein Team. In Unternehmen besteht oft die Tendenz, zunächst Spezialisten auszubilden, mit der Hoffnung, dass diese im Laufe ihrer Karriere zu Generalisten werden. Diese Strategie kann jedoch begrenzend wirken, da sie nicht das volle Potenzial der individuellen Entwicklung ausschöpft.

Die Beispiele aus dem Sport zeigen, dass ein paralleler Aufbau von Spezialisierung und Generalisierung oft zielführender ist. Durch die Förderung von Vielseitigkeit neben der Vertiefung in spezifische Fachgebiete können Mitarbeiter ein breiteres Spektrum an Fähigkeiten und Perspektiven entwickeln. Dieser Ansatz ermöglicht es, flexibler auf Veränderungen zu reagieren, kreative Lösungen für komplexe Probleme zu finden und effektiver in multidisziplinären Teams zu arbeiten. Genauso wie ein Sportler, der verschiedene Disziplinen beherrscht, besser auf unterschiedliche Wettkampfbedingungen vorbereitet ist, kann ein Mitarbeiter, der sowohl spezialisiert als auch generalisiert ist, effektiver in einer sich ständig wandelnden Geschäftsumgebung agieren. Schau dir dazu erneut die Info-Box in Kapitel 14 an.

Für dich bedeutet das, dass du in der Personalentwicklung einen ganzheitlicheren Ansatz verfolgen solltest. Anstatt deine Mitarbeiter ausschließlich als Spezialisten oder Generalisten zu sehen, solltest du die Entwicklung beider Aspekte unterstützen. Das kannst du durch vielseitige Weiterbildungsprogramme, die Förderung von projektübergreifendem Arbeiten oder durch die Schaffung von Möglichkeiten für Mitarbeiter, Erfahrungen in verschiedenen Bereichen des Unternehmens zu sammeln, gewährleisten.

T-SHAPE SKILLS IM SPORT

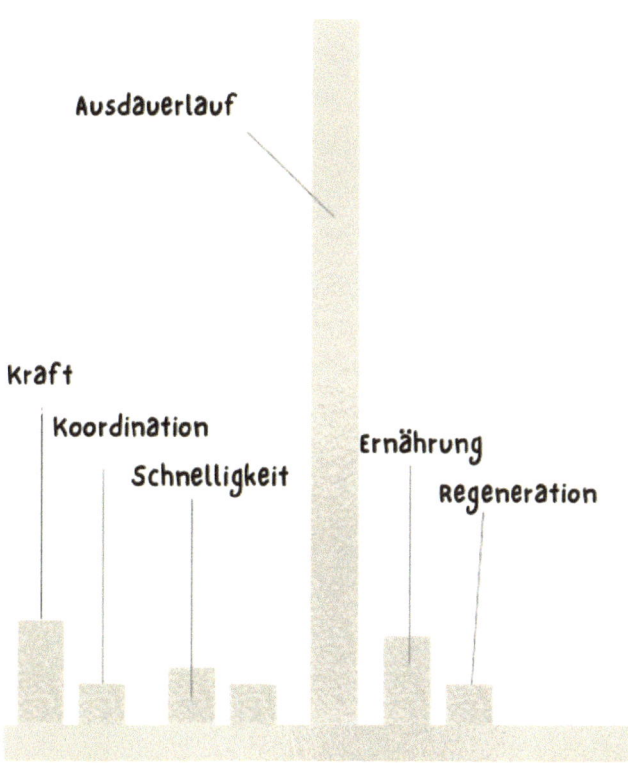

Ausdauerlauf

Kraft

Koordination

Schnelligkeit

Ernährung

Regeneration

T-SHAPE SKILLS IM JOB

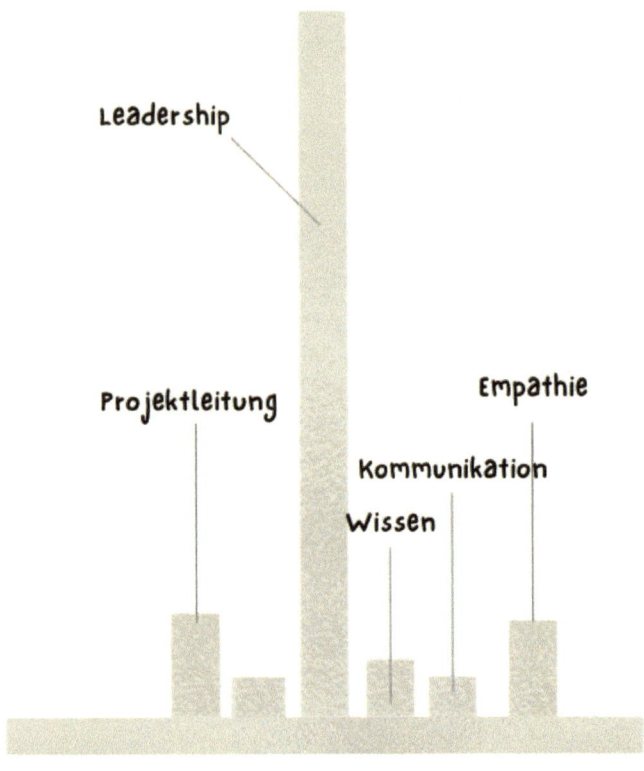

Leadership

Projektleitung

Empathie

Kommunikation

Wissen

Das Skill T-Shape beschreibt, dass Erfolg in einem Thema immer von Erfolgen in anderen Themen begleitet werden muss. Ein guter Ausdauersportler hat nicht nur eine gute Ausdauer, sondern auch Kraft, Koordination, Flexibilität und weitere Fähigkeiten, um sein Potenzial in der Kerndisziplin zu steigern. Eine erfolgreiche Führungskraft benötigt gute Leadershipqualitäten, aber auch Qualitäten in Themenfeldern um die Kernkompetenz herum.

Male dir ein eigenes T-Shape auf und bewerte dich in jeder Fähigkeit auf einer Skala von 1 bis 10, um deine Schwächen zu identifizieren und daran zu arbeiten.

Tipp: Sei kritisch mit dir selbst. Lieber du arbeitest zu viel an deinen Schwächen, als du arbeitest nicht an einer Schwäche, da du dich selbst zu gut einschätzt.

KAPITEL 19

SCHNELLE UND LANGSAME EINHEITEN IM AUSDAUERSPORT - 80/20 REGEL IN DER PRAXIS

Die Anwendung der 80/20-Regel im Ausdauersport ist ein hervorragendes Beispiel dafür, wie du dein Training effektiv strukturieren kannst. Diese Regel besagt, dass 80 % des Trainings bei niedriger Intensität und 20 % bei hoher Intensität absolviert werden sollten. Sie findet vor allem, aber nicht ausschließlich, im Ausdauersport Anwendung, wo das Gleichgewicht zwischen schnellen und langsamen Trainingseinheiten entscheidend für den Erfolg ist. Auch in anderen Sportarten geht man nicht täglich an seine Leistungsgrenzen.

Langsame Einheiten dienen vorrangig der Grundlagenausdauer und bzw. oder der Erholung. Sie sind das Fundament, auf dem die härteren Einheiten aufbauen. Diese langsamen Einheiten sollten nicht unterschätzt werden, da sie es dem Körper ermöglichen, sich von den intensiveren Belastungen zu erholen und gleichzeitig die aerobe Fitness, also die Fähigkeit langen Belastungen ohne erhebliche Ermüdung durchführen zu können, zu verbessern. Die körperlichen Anpassungsprozesse, die durch lange langsame Einheiten angestoßen werden, sind essenziell für den Erfolg im Ausdauersport.

Auf der anderen Seite stehen die schnellen, intensiven Einheiten, welche darauf ausgelegt sind, deine Leistungsgrenzen (z.B. Geschwindigkeit) zu verschieben und deinen Körper an höhere Belastungen zu gewöhnen. Sie sind vergleichbar mit dem Konzept des „100 % All Day" im Geschäftsleben, wo man zeitweise alles gibt, um bestimmte Ziele zu erreichen. Diese intensiven Einheiten sollten jedoch maßvoll eingesetzt werden, da eine zu hohe Frequenz zu Übertraining und Erschöpfung führen kann.

Die Kunst besteht darin, das richtige Verhältnis von langsamen zu schnellen Einheiten zu finden. Die 80/20-Regel bietet hierfür einen praktischen Rahmen. Sie sorgt dafür, dass Athleten genügend Zeit für Erholung und Regeneration haben, während sie gleichzeitig ihre Leistungsfähigkeit durch gezielte, intensive Einheiten steigern. Durch die Beachtung dieser Regel können Ausdauersportler ihre Leistung optimieren, ohne sich dabei zu überlasten oder zu verletzen.

Auch hier möchte ich wieder das Prinzip **„Consistency Beats Intensity"** nennen, da es, wie bereits erwähnt, sowohl im sportlichen Training als auch in der beruflichen Leistung von zentraler Bedeutung ist. Eine konstante und beständige Leistung ist langfristig effektiver als unregelmäßige Spitzenleistungen, die von Phasen deutlich niedrigerer Produktivität unterbrochen werden. Die Frage, ob jemand, der konstant 80 % seiner Kapazitäten einbringt und bei Bedarf „eine Schippe drauflegt", letztendlich effektiver ist als jemand, der unvorhersehbar zwischen 100 % und 30 % schwankt, lässt sich meist mit Ja beantworten.

Das liegt hauptsächlich daran, dass Beständigkeit zu einer nachhaltigeren Leistungsentwicklung führt. Ein Athlet, der regelmäßig und beständig trainiert, baut kontinuierlich seine Fähigkeiten aus, vermeidet Übertraining und reduziert das Risiko von Verletzungen. Gleiches gilt für die Arbeitswelt: **Eine konstante Leistung sorgt für Verlässlichkeit, ermöglicht stetiges Wachstum und fördert das Vertrauen in die Fähigkeiten einer Person.**

Auf der anderen Seite kann eine Leistung, die starken Schwankungen unterliegt, zu Ineffizienz und mangelnder Vorhersagbarkeit führen. Im Sport birgt das häufig ein erhöhtes Verletzungsrisiko, da der Körper nicht kontinuierlich an höhere Belastungen angepasst wird. Im beruflichen Kontext können solche Schwankungen zu inkonsistenten Ergebnissen und einem Mangel an Vertrauen seitens der Kollegen und Vorgesetzten führen. Daher ist es bedeutend, ein hohes Leistungsniveau kontinuierlich aufrechtzuerhalten und schrittweise zu steigern, anstatt sich in unregelmäßigen Intervallen zu überfordern. Jedoch gehört ebenso zur Wahrheit, dass neues lernen und daran zu wachen häufig in einem Gefühl der Überforderung wahrgenommen wird. Geplante hochintensive Wachstumsphasen sind im Sport essenziell und auch im Beruf. Diese beziehen sich jedoch nie von einer Kombination hoher Belastung <u>und</u> hoher Intensität geprägt. Es ist immer ein Entweder-oder.

„You can't do epic without doing the basics" bringt es auf den Punkt: Ohne ein solides Fundament grundlegender Fähigkeiten und Disziplinen kannst du keine herausragenden Leistungen erbringen. Im Kontext des Ausdauersports heißt das, dass Sportler, die ausschließlich darauf abzielen, schneller zu werden und dabei die grundlegenden Aspekte der Ausdauer vernachlässigen, letztendlich ihre Gesamtleistung beeinträchtigen. Geschwindigkeit ist zweifellos ein wichtiger Aspekt im Ausdauersport, aber ohne eine solide Basis an Ausdauer und Grundfitness kannst du die schnellen Einheiten nicht effektiv umsetzen und der Körper wird überfordert.

Profisportler vernachlässigen niemals die Standardübungen, die auch Anfänger durchführen. Diese Grundübungen sind entscheidend für den Aufbau und Erhalt der körperlichen Grundlagen, die für höhere Leistungen erforderlich sind. Sie umfassen Aktivitäten wie lange, langsame Distanzläufe, grundlegende Technikübungen und regenerative Trainingseinheiten.

Führungskräfte in Unternehmen sollten auch in fortgeschrittenen Phasen ihrer Karriere auf die grundlegenden Fähigkeiten und Praktiken ihres Fachgebiets zurückgreifen. Du kannst dich beispielsweise regelmäßig mit den Kernkompetenzen deines Bereichs beschäftigen, aktuelle Entwicklungen in deinem Fachgebiet verfolgen oder dir Zeit für die Ausbildung und Förderung jüngerer Mitarbeiter nehmen. Ähnlich wie Profisportler, die die Basisübungen nie auslassen, solltest du die Grundlagen deines Handwerks stets pflegen und weiterentwickeln.

19   INFO-BOX

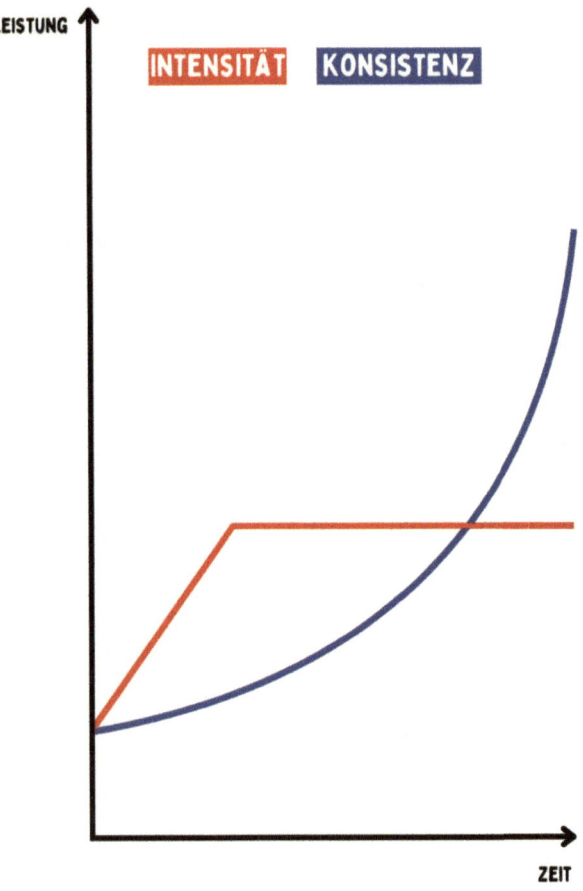

Intensive Phasen, die nicht von Konsistenz geprägt sind, führen zu einem kurzfristigen Leistungsaufbau, der jedoch schnell ein Plateau erreicht. Kontinuierliche Verbesserung, Konsistenz, führt zu einem lang anhaltenden Leistungszuwachs. So bringt es im Sport nichts, alle 2 Wochen eine sehr anstrengende Einheit zu absolvieren und im Berufsleben alle paar Tage die beste E-Mail zu schreiben, die man schreiben kann. Konsistente Arbeit mit ein paar intensiven Spitzen führt dazu, dass die Leistung steigt. Wer nur intensiv arbeitet, wenn es gerade benötigt wird, wird immer von den konsistenten Performern überholt. Konsistenz bedeutet, dass man kontinuierlich auf einem hohen Niveau arbeitet und bei Bedarf intensive Abschnitte einbaut.

KAPITEL 20

KENNE DEINE SCHWÄCHEN

In einer denkwürdigen Begegnung, als Michael Jordan nach den Geheimnissen seines unglaublichen Erfolges gefragt wurde, gab er eine Antwort, die nicht nur die Essenz seines sportlichen Ethos offenbarte, sondern auch eine tiefe Wahrheit über Erfolg und Misserfolg. Er sagte:

„Ich habe in meiner Karriere mehr als 9000 Würfe verfehlt. Ich habe an die 300 Spiele verloren. 26-mal wurde mir der finale Wurf anvertraut und ich habe nicht getroffen. Ich bin immer und immer wieder in meinem Leben gescheitert.
Und das ist der Grund, warum ich gewinne."

Diese Worte enthüllen eine Perspektive, die im scharfen Kontrast zu dem steht, was oft in unserer Gesellschaft über Erfolg und Scheitern gedacht und vermittelt wird. Statt seine Triumphe und Rekorde zu betonen, entschied er sich, seine Fehlschläge und Misserfolge hervorzuheben. Diese Ehrlichkeit und Offenheit bezüglich seiner Niederlagen sind ebenso beeindruckend wie seine Erfolge auf dem Spielfeld.

Michael Jordan ist ein lebendiges Beispiel dafür, dass Misserfolge nicht das Ende einer Reise markieren, sondern wichtige Schritte auf dem Weg zum Erfolg sind. Jeder verfehlte Wurf, jedes verlorene Spiel und jeder verpasste finale Wurf waren für ihn nicht Zeichen des Versagens, sondern Gelegenheiten zum Lernen, Wachsen und Verbessern. Seine Bereitschaft, weiterzumachen, sich von Rückschlägen nicht entmutigen zu lassen und aus jedem Fehler zu lernen, machte ihn zu einem der größten Sportler aller Zeiten.

Diese Haltung zeigt, dass Ausdauer, Widerstandsfähigkeit und die Fähigkeit, aus Fehlern zu lernen, wesentliche Bestandteile des Erfolgs sind. Sein Beispiel zeigt, dass **der wahre Champion nicht der ist, der nie fällt, sondern derjenige, der nach jedem Fall wieder aufsteht.**

Im CrossFit gibt es für nahezu alle Einheiten ein sogenanntes „Time Cap", also eine Zeit, innerhalb derer das jeweilige Workout absolviert werden muss. Sehr häufig schaffen Athleten das Tim Cap nicht. Sie scheitern. Doch danach geben sie nicht auf, sondern trainieren an ihren Schwächen, um bei der nächsten Einheit schneller zu sein.

Im Sport ist also das Bewusstsein über die eigenen Schwächen ausschlaggebend für die eigene Entwicklung und Verbesserung. Sportler, die ihre Schwachstellen kennen und akzeptieren, können gezielt daran arbeiten, diese zu verbessern, indem sie an ihrer Technik feilen, ihre körperliche Kondition stärken oder mentale Barrieren überwinden. Das Wissen um die eigenen Grenzen ermöglicht es dir, ein maßgeschneidertes Training zu entwickeln, das auf deine individuellen Bedürfnisse abgestimmt ist.
Aber aus einer Business-Perspektive betrachtet ist diese Selbsterkenntnis ebenso wichtig. Ein tiefes Verständnis der eigenen Schwächen ermöglicht es Führungskräften, effektiver zu arbeiten und ihre Teams besser zu leiten. Indem du deine Schwächen und

die deiner Mitarbeiter kennst, kannst du Aufgaben und Verant-
wortlichkeiten so delegieren, dass die Stärken des Teams optimal
genutzt werden. Dadurch erschaffst du eine effizientere und pro-
duktivere Arbeitsumgebung.

Zudem ermöglicht das Wissen um die eigenen Schwächen eine
authentischere Führung. Wenn du deine Grenzen kennst und offen darüber sprichst, schaffst du eine Atmosphäre des Vertrauens
und der Ehrlichkeit im Team, die wiederum die Zusammenarbeit
und den gegenseitigen Respekt fördert.

*Durch das ehrliche Beantworten der folgenden Fragen kannst du ein
tieferes Verständnis für deine eigenen Schwächen erlangen:*

20 INFO-BOX

1. Selbstreflexion:

- *Welche Aufgaben schiebe ich häufig auf oder vermeide ich?*
- *In welchen Bereichen erhalte ich häufig negatives Feedback?*
- *Bei welchen Aktivitäten fühle ich mich unsicher oder überfordert?*

2. Feedback von anderen:

- *Welche Kritikpunkte habe ich in der Vergangenheit von Kollegen, Vorgesetzten oder Mitarbeitern erhalten?*
- *Gibt es wiederkehrende Themen in der Kritik, die ich bekomme?*
  - *Welche Fähigkeiten oder Verhaltensweisen anderer bewundere ich, die mir selbst fehlen?*

3. Leistungsanalyse:

- *In welchen Bereichen habe ich in der Vergangenheit Schwierigkeiten gehabt, Ziele zu erreichen?*
- *Gibt es bestimmte Aufgaben oder Projekte, bei denen ich regelmäßig hinter den Erwartungen zurückbleibe?*
- *Welche Aufgabenbereiche verursachen BEI mir Stress oder Unbehagen?*

4. Vergleich mit Zielen und Erwartungen:

- *Welche Fähigkeiten oder Kenntnisse fehlen mir, um meine aktuellen oder zukünftigen beruflichen Ziele zu erreichen?*

- *Gibt es Bereiche, in denen ich mich weiterbilden oder verbessern muss, um den Anforderungen meiner Rolle gerecht zu werden?*

5. Persönliche Entwicklung:

- *Welche Aspekte meiner Persönlichkeit oder meines Verhaltens könnten meine berufliche Entwicklung hemmen?*
- *In welchen Bereichen meines Lebens (z.B. Kommunikation, Zeitmanagement, technische Fähigkeiten) möchte ich mich verbessern?*
- *Welche Schwächen habe ich in der Vergangenheit ignoriert oder gerechtfertigt, die ich jetzt angehen möchte?*

KAPITEL 21

FÜHLE DICH WOHL IN UNBEHAGLI-CHEN SITUATIONEN

„Tue, was du lernen musst, nicht nur, was du schon kannst" oder „Find your comfort in discomfort". Du musst also die eigenen Grenzen erkennen und sie bewusst überschreiten. Statt sich auf das Vertraute und Bequeme zu beschränken, fordert dich dieses Prinzip dazu auf, Neues zu wagen und dich Herausforderungen zu stellen, die außerhalb der eigenen Komfortzone liegen. Schau dazu auch noch einmal in Kapitel 3.

Discomfort – Unbehagen – äußert sich in unterschiedlichsten Formen. Die gefährlichste ist die Abwehrhaltung. Dabei verweigert man sich neuen Dingen, da sie einem als zu schwer, zu groß oder zu anstrengend erscheinen. Um sich in solchen Situationen nicht zu in ein Schneckenhaus zurückzuziehen, können folgende Punkte helfen:

1. **Das Unbekannte schätzen lernen** - Neues ist nur so lange neu, bis man sich Schritt für Schritt durchgeschlagen hat. Wenn dich das Gefühl des Unbehagens überkommt, halte

kurz inne und sag zu dir selbst „Das ist kein Unbehagen, das ist Vorfreude". Schau was passiert.

2. **Fehler als Teil der Reise sehen und feiern** - Unbehagen entsteht häufig aus der Angst, Fehler zu begehen. Fehler sind unerlässlich, wie im Kapitel 20 bereits dargestellt. Und noch viel wichtiger, in der VUCA-Welt unvermeidbar. Daher ist es wichtig Fehler als das zu sehen, was sie sind – etwas, das man gelernt hat.

3. **Unbekanntes in kleine Teilbekannte aufteilen** - Natürlich ist es für jemanden, der noch nie mehr als 30 Minuten gelaufen ist, schwer, sich vorzustellen, seinen ersten Marathon zu laufen. Aber 35 Minuten scheinen machbar. Und nach 3 Wochen, 35 Minuten, erscheinen die 45 Minuten auch gut erreichbar. Das große Unbekannt ist niemals einen weiten Sprung, sondern mehrere kleine Schritte entfernt.

Im Ultralauf, einer Sportart, die nicht nur körperliche, sondern auch mentale Stärke erfordert, findet die Philosophie „Find your comfort in discomfort" eine besonders eindrucksvolle Anwendung. Nehmen wir das Beispiel eines 100-Meilen-Ultramarathons – ein extrem anspruchsvolles Rennen, das Ausdauer, Kraft, Erholungsfähigkeit, Schnelligkeit, eine durchdachte Ernährungsstrategie und ein unterstützendes Umfeld verlangt. Ein Läufer, der sich nur auf die Aspekte des Laufens konzentriert, in denen er bereits gut ist, wird sich schwertun, die vielfältigen Herausforderungen eines solchen Rennens zu meistern.

Stell dir einen Ultraläufer vor, der hervorragend lange Distanzen in moderatem Tempo laufen kann, aber nie an seiner Schnelligkeit oder Kraft gearbeitet hat. Oder einen Läufer, der in der physischen Vorbereitung stark ist, aber die Bedeutung der Ernährung oder die psychologischen Aspekte des Ultralaufens unterschätzt. Ich garantiere dir, in einem 100-Meilen-Rennen werden diese Schwächen unweigerlich zum Vorschein kommen.

Das wahre Geheimnis des Erfolgs im Ultralaufen – und in vielen anderen Lebensbereichen – liegt darin, die eigene Komfortzone zu verlassen und an deinen Schwächen zu arbeiten. Wähle dafür ganz bewusst Trainingseinheiten, die dich herausfordern und setze dich mit Ernährung und Erholungsstrategien auseinander, die dir vielleicht nicht sofort intuitiv erscheinen.

Das kontinuierliche Arbeiten an den eigenen Schwächen ist ein wesentlicher Schritt, damit du langfristig ein ausgewogenes Verhältnis von Stärken und Schwächen erreichst. Wenn du Schwächen erkennst, die du allein nicht effektiv ausgleichen kannst, dann suche dir unbedingt Unterstützung. Mach dir außerdem bewusst, dass niemand anderes für dich lernen oder sich entwickeln kann; diese Aufgabe kannst nur du für dich selbst übernehmen. Es ist auch wichtig, dich gelegentlich in Situationen zu begeben, in denen du nicht der Beste bist. Sich in solchen Situationen trotzdem wohlzufühlen, ist ein Zeichen von Reife und Selbstbewusstsein. Du beweist dadurch, dass du bereit bist, aus deiner Komfortzone herauszutreten, Neues zu lernen und dich weiterzuentwickeln.

„Mal gewinnt man, mal lernt man."

- Deutsches Sprichwort

Für Führungskräfte in Unternehmen bedeutet der Grundsatz „Arbeite an deinen Schwächen, um mehr Stärken als Schwächen zu haben" eine konsequente Ausrichtung auf persönliche und berufliche Weiterentwicklung. Gleichzeitig zeigt dieses Prinzip die Bedeutung der Delegation und des Teammanagements auf. Führungskräfte sollten erkennen, dass sie nicht in allen Bereichen Experten sein können. Es ist oft effektiver, Aufgaben, die außerhalb der eigenen Kernkompetenzen liegen, an Teammitglieder zu delegieren, die in diesen Bereichen stärker sind. Dies stärkt nicht nur das Gesamtergebnis des Teams, sondern fördert auch das Vertrauen und die Zusammenarbeit innerhalb der Gruppe.

Das Prinzip unterstreicht auch die Wichtigkeit einer offenen und lernbereiten Haltung. Du solltest dich wohl dabei fühlen, gelegentlich in eine Rolle zu schlüpfen, in der du nicht der Experte bist, und von deinem Team lernst.

Indem du meine folgenden Tipps befolgst, lernst du, dich in ungewohnten und herausfordernden Situationen wohler zu fühlen und dadurch persönliches und berufliches Wachstum zu fördern.

21   INFO-BOX

So gelingt es dir, Wohlbefinden in unbehaglichen Situationen
zu finden –
3 praktische Tipps

1. **Setze dich bewusst neuen Herausforderungen aus:**
- **Suche gezielt Aufgaben, die außerhalb deiner Komfortzone liegen.** *Dies könnte bedeuten, ein Projekt zu übernehmen, dass neue Fähigkeiten erfordert.*
- **Beginne mit kleinen Schritten.** *Du musst nicht direkt ins
  kalte Wasser springen. Kleine Herausforderungen können dir
  helfen, allmählich Selbstvertrauen aufzubauen.*
- **Tue das täglich.** *Wenn du jeden Tag eine kleine Aufgabe außerhalb deiner Komfortzone angehst, dann wächst diese kontinuierlich.*

2. **Entwickle eine Wachstumsmentalität:**
- **Betrachte Herausforderungen als Gelegenheiten zum Lernen.** *Anstatt Misserfolge zu fürchten, sieh sie als wertvolle
  Erfahrungen, aus denen du lernen kannst.*
- **Fördere Selbstreflexion.** *Nimm dir regelmäßig Zeit, um über
  deine Erfahrungen und Lernfortschritte nachzudenken. Dies
  hilft dir, deine Entwicklung zu erkennen und zu würdigen.*

3. **Suche und akzeptiere Unterstützung:**
- **Nutze die Ressourcen und das Wissen deiner Kollegen
  oder Mentoren.** *Sie können dir wertvolle Einblicke und*

Unterstützung bieten, um dich in unbekannten Gebieten zurechtzufinden.

- **Sei offen für Feedback.** Konstruktive Rückmeldungen sind entscheidend, um deine Fähigkeiten zu verbessern und aus deinen Erfahrungen zu lernen.

KAPITEL 22

TRAININGSTAGEBUCH — WARUM HAST DU KEINES?

Stell dir vor, du trittst in die Fußstapfen der größten Ausdauersportler unserer Zeit. Athleten wie Kilian Jornet und Eliud Kipchoge, die in ihren Disziplinen wahre Legenden sind. Was haben sie gemeinsam, das einen wesentlichen Teil ihres Erfolgs ausmacht? Sie alle führen ein Trainingstagebuch.

In ihrem Trainingstagebuch halten diese Spitzenathleten nicht nur die nackten Daten ihrer Trainingseinheiten fest, sondern auch eine Fülle anderer wichtiger Informationen.

Sie notieren, wie ihr Tag verlief, wie gut oder schlecht sie geschlafen haben, wie sie sich emotional und physisch gefühlt haben und vieles mehr. Diese Aufzeichnungen bieten ihnen ein umfassendes Bild ihrer Gesamtfitness und ihres Wohlbefindens. Es geht dabei nicht nur um Zahlen und Statistiken, sondern auch um die subjektiven Empfindungen, die genauso wichtig sind, um Trainingseffekte vollständig zu verstehen und das Training entsprechend anzupassen.

Auch in einer Zeit, in der Gadgets wie Pulsmesser und Trainings-computer umfangreiche Daten über Körperfunktionen liefern, halten ambitionierte Athleten an der Praxis fest, ein manuelles Trainingstagebuch zu führen. Diese Praxis bietet ihnen eine einzigartige Perspektive, die über das hinausgeht, was Technologie allein bieten kann. Während Sensoren und Apps objektive Daten liefern, ermöglicht das Trainingstagebuch eine tiefere Selbstreflexion und das Festhalten von subjektiven Empfindungen und Gedanken. Dieses Gleichgewicht zwischen technologischer Präzision und persönlicher Einsicht ist es, was das Trainingstagebuch zu einem unverzichtbaren Werkzeug für jeden ernsthaften Athleten macht.

Das Trainingstagebuch ist somit mehr als nur ein Logbuch; es ist ein persönliches Journal, das die Reise eines Athleten dokumentiert. Es hilft, den Überblick über Fortschritte zu behalten, motiviert in schwierigen Zeiten und dient als unverzichtbares Werkzeug zur Analyse und Verbesserung der eigenen Leistung.

Warum also hast du noch keines? Es ist dein persönliches Archiv von Fortschritten, Herausforderungen und Erkenntnissen. Jeder Eintrag in diesem Tagebuch erzählt eine Geschichte — über das Überwinden von Grenzen, das Anpassen von Trainingsplänen und das Feiern kleiner Siege auf dem Weg zu großen Zielen.

Ein Trainingstagebuch hilft dir, Muster in deinem Training zu erkennen, Fortschritte zu verfolgen und reflektierte Entscheidungen zu treffen. Es ermöglicht dir, zurückzublicken und zu sehen, wie weit du gekommen bist, und hilft dir, vorauszuplanen und deine Ziele anzupassen. Es ist ein Werkzeug der Selbstreflexion und Motivation, ein treuer Begleiter auf deiner Reise zu persönlichen Bestleistungen.

Auch ich selbst führe konsequent ein Trainingstagebuch und empfehle diese Praxis allen meinen Athleten. Jeden Tag notiere ich, wie mein Schlaf war, was ich gegessen habe und wie ich mich fühle. Diese täglichen Eintragungen sind weit mehr als Routine — sie sind ein entscheidender Teil meines Trainingsprozesses.

Dieses Trainingstagebuch hat mir in der Vergangenheit bereits wertvolle Einblicke geliefert. Insbesondere hat es mir geholfen, Muster in meiner Stimmung und meinem allgemeinen Wohlbefinden zu erkennen. Wenn ich beispielsweise feststelle, dass meine Stimmung über mehrere Tage hinweg konstant abnimmt, ist das ein klares Warnsignal. Es deutet darauf hin, dass ich möglicherweise auf dem Weg in eine Überlastung oder sogar in ein Übertraining bin. Diese Erkenntnisse sind entscheidend, um rechtzeitig Gegenmaßnahmen zu ergreifen, sei es durch Anpassungen im Trainingsplan, durch erhöhte Regeneration oder durch Veränderungen in der Ernährung.

Als Trainer und Ultraläufer bin ich mir der Tatsache bewusst, dass zahlreiche Faktoren mein Training und meine Leistung beeinflussen. Nicht nur die physischen Aspekte des Laufens — Distanz, Geschwindigkeit, Höhenmeter — sind ausschlaggebend, sondern auch mentale und emotionale Faktoren. Wie ich mich fühle, wie gestresst oder motiviert ich bin, und wie gut ich mich erhole, wie es auf der Arbeit läuft, all das spielt eine wesentliche Rolle für meine Leistungsfähigkeit. Mein Trainingstagebuch hilft mir, all diese Aspekte im Blick zu behalten und entsprechend darauf zu reagieren.

Als Unternehmer oder Führungskraft verlässt man sich oft zu sehr auf äußere Faktoren. Man orientiert sich an dem Feedback anderer, an der Leistungsbewertung am Ende des Jahres oder an vergleichbaren Kriterien. Während diese Faktoren sicherlich wichtig sind, vergisst man aber, auf seine inneren Signale zu hören.

Es wird häufig übersehen, wie wichtig das persönliche Empfinden ist. Wie man sich bei der Arbeit fühlt, kann oft einen tieferen Rückschluss darauf geben, ob man auf dem richtigen Weg ist oder nicht. Stellt man fest, dass die tägliche Arbeit konstant Unzufriedenheit oder Stress verursacht, könnte dies ein Hinweis darauf sein, dass etwas nicht stimmt. Vielleicht passt die Rolle nicht, oder die Arbeitsumgebung ist nicht förderlich. Ähnlich wie im Sport, wo das Trainingstagebuch hilft, solche Muster zu erkennen, kann im beruflichen Kontext eine regelmäßige Selbstreflexion ähnlich aufschlussreich sein.

Ein von mir häufig beobachtetes Szenario ist, dass Menschen ihre Introspektive über einen langen Zeitraum vernachlässigen, bis sie schließlich radikale Schritte einleiten müssen. Häufig können Burn-out, Kündigungen und ähnliche drastische Schritte verhindert werden, wenn man frühzeitig auf sein Inneres hört und die innere Stimme nicht unterdrückt.

Ich selbst führe auch ein Business-Tagebuch. Ich habe ein paar Regeln für mich selbst aufgestellt, um drastischen Schritten zuvorzukommen. So habe ich die „Rule of 5" für mich entwickelt. Wenn ich z.B. 5 Tage am Stück morgens aufstehe und keine Lust habe, meinen Laptop aufzuklappen, dann muss ich etwas ändern. Durch mein Tagebuch sehe ich mittlerweile schon frühzeitig, wenn etwas nicht passt. Würde ich dieses Tagebuch nicht führen und somit wichtige Anzeichen nicht wahrnehmen und einfach weitermachen wie bisher, würde die Situation auf längere Sicht eskalieren. An diesem Punkt wäre ich dann aber gezwungen, drastische Änderungsschritte einzuleiten. Wie im Projekt-Management hilft die Früherkennung dabei, etwas frühzeitig zu beheben. **„Der erste Schritt zum Beheben eines Problems ist zu erkennen, dass man eines hat."** Mein Business-Tagebuch hilft mir genau dabei, Probleme zu erkennen. Danach benötigt man Mut, die Erkenntnisse zu nutzen, um etwas zu ändern.

Das regelmäßige Innehalten und Reflektieren, sowohl im Sport als auch im Berufsleben, kann dir darüber hinaus helfen, besser zu verstehen, was für dich funktioniert und was nicht. Es erlaubt dir, bewusstere Entscheidungen darüber zu treffen, wie du deine Zeit und Energie investieren solltest, um deine Ziele zu erreichen und gleichzeitig dein Wohlbefinden zu fördern.

22 INFO-BOX

Hier zeige ich dir meine typischen Business-Tage-
buch Seiten:

FOKUS ZIELPLANER – MORGENROUTINE **DATUM:**

WIE FÜHLE ICH MICH HEUTE:

MEIN TAGESZIEL:

WELCHE 3 MABNAHMEN KANN ICH HEUTE ERGREIFEN, UM MEIN TAGESZIEL ZU ERREICHEN?	**WELCHE 3 ROUTINEN FÜHREN MICH HEUTE AN MEIN TAGESZIEL?**
1. _____	1. _____
2. _____	2. _____
3. _____	3. _____

MEUTE WIRD EIN GUTER TAG, WEIL ...

MEIN ZITAT DES TAGES:

WAS MACHT HEUTE ZU EINEM GROBARTIGEN TAG?	**WOFÜR BIN ICH DANKBAR?**
1. _____	1. _____
2. _____	2. _____
3. _____	3. _____

IDEEN & NOTIZEN:

FOKUS ZIELPLANER - ABENDROUTINE   DATUM:

HABE ICH HEUTE MEIN BESTES GEGEBEN? ⬤ JA ⬤ NEIN

HABE ICH MEIN TAGESZIEL ERREICHT ? ⬤ JA ⬤ NEIN

WAS SIND MEINE TOP 3 ERFOLGE HEUTE?	WAS KANN ICH MORGEN BESSER MACHEN?
1. _____	1. _____
2. _____	2. _____
3. _____	3. _____

MEIN TAG IN EINEM SATZ:

IDEEN & NOTIZEN:

KAPITEL 23

IM RENNEN KANNST DU NICHT BESCHEISSEN — YOU CAN'T CHEAT AT THE STARTING LINE

In der heutigen Zeit kann jeder Sportler auf Plattformen wie Instagram seine Erfolge feiern und sich in bestem Licht präsentieren. Es ist einfach geworden, Bilder von Medaillen, Pokalen oder beeindruckenden Leistungen zu teilen und so Anerkennung und Bewunderung zu ernten. Auch das soziale Sportnetzwerk Strava bietet Sportlern die Möglichkeit, Trainingsdaten hochzuladen. Doch nicht immer sind diese Angaben korrekt; manche neigen dazu, ihre Leistungen zu übertreiben oder falsche Daten anzugeben, um besser dazustehen.

Ebenso kann jeder Sportler montags im Büro von seinen vermeintlich langen und harten Trainingseinheiten am Wochenende erzählen, die Realität kann jedoch ganz anders aussehen. Kurzum: Sportler haben heute viele Möglichkeiten, sich besser darzustellen, als sie tatsächlich sind. (Siehe hierzu auch Kapitel 10.) Die digitale Welt erlaubt es, ein idealisiertes Bild der eigenen sportlichen Leistung zu kreieren. Doch letztendlich zählt im Sport nur die reale Leistung, insbesondere bei Wettkämpfen. Nur wer wirklich hart und zielgerichtet trainiert hat, kann dort zeigen, dass er diese Leistung auch wirklich erbringen kann.

Was „harte Arbeit" bedeutet, kann für jeden Sportler unterschiedlich sein. Für manche mag es heißen, sich besser zu erholen und Regenerationsphasen ernster zu nehmen, für andere, intensiver und härter zu trainieren. Egal, was ein Sportler sagt, in sozialen Medien zeigt oder behauptet, die Wahrheit über seine Leistungsfähigkeit und seinen Trainingsstand zeigt sich immer erst, wenn der Startschuss fällt. In diesem Moment zählen nicht die geposteten Bilder oder die angegebenen Trainingsdaten, sondern nur die reale Leistung auf der Strecke oder im Feld. Es ist dieser Moment der Wahrheit, der die echten von den bloß selbst ernannten Athleten unterscheidet.

Auch im Berufsleben gibt es immer wieder Kollegen, die gerne von ihren Überstunden berichten, erzählen, wie hart sie gearbeitet haben, wie viele Kundentermine sie hatten und was sie alles erledigt haben. Sie präsentieren sich als unermüdliche Arbeitskräfte, die konstant am Limit arbeiten und scheinbar unersetzlich für das Unternehmen sind. (Siehe hierzu auch Kapitel 19.) Doch genau wie im Sport, wo die wahre Leistung an der Startlinie sichtbar wird, zeigt sich die tatsächliche Effektivität und der Wert dieser Arbeit im Business „unter dem Strich". Hier geht es nicht um die bloße Anzahl von Arbeitsstunden oder die Menge an Terminen, sondern um die Qualität und die Ergebnisse der Arbeit. In vielen Fällen können ständige Überstunden und das Gefühl, immer beschäftigt zu sein, ein Zeichen von ineffizienter Arbeitsweise oder schlechtem Zeitmanagement sein. Wirklich effektive Mitarbeiter sind oft diejenigen, die ihre Aufgaben zielgerichtet und ohne unnötiges Drama erledigen.

Im Unternehmertum, wie im Sport, zählen am Ende des Tages Ergebnisse und nicht bloß die Anstrengung oder die Selbstinszenierung. Es sind die erzielten Erfolge, abgeschlossenen Projekte und der Beitrag zum Unternehmensziel, die wirklich die berufliche Leistung einer Person definieren.

Es gibt ein zeitloses Sprichwort, das sowohl im Sport als auch im Berufsleben gleichermaßen zutrifft: „Keiner kann mehr Früchte ernten, als er sät." Sicher, kurzzeitig mag es möglich sein, dem Motto „fake it till you make it" zu folgen und damit vielleicht sogar einige Menschen in deinem Umfeld oder dich selbst zu täuschen. Aber solche Taktiken sind selten nachhaltig und führen oft nicht zu echtem, langfristigem Erfolg. Zwangsläufig werden die Diskrepanzen zwischen Schein und Sein offensichtlich, und die Konsequenzen können gravierend sein — sei es in Form von Vertrauensverlust, verpassten Chancen oder sogar beruflichem Rückschlag.

Nur wenn du bereit bist, die harte Arbeit zu investieren, die nötige Zeit und Energie in deine Fähigkeiten und Projekte zu stecken, kannst du letztlich die Früchte dieser Arbeit ernten. Dies gilt sowohl für den sportlichen Bereich — auf der Rennstrecke, den Trails oder dem Sportplatz — als auch im Büro.

Dein Output folgt oft einer exponentiellen Kurve in Bezug auf den Input — zumindest bis zu einem gewissen Punkt. Für den Großteil der Wegstrecke hin zum oberen 1 % deiner Leistung steigt der Output im Verhältnis zum eingesetzten Input erheblich an. Es erscheint dann so, als ob jede zusätzliche Stunde Training, jede zusätzliche Anstrengung und jedes bisschen mehr an Engagement deutliche Verbesserungen mit sich bringen.

Wenn du jedoch einmal die Schwelle zum oberen 1 % überschritten hast, verändert sich die Dynamik plötzlich. Um in dieser Elitegruppe zu bleiben, benötigst du einen kontinuierlich hohen Input, aber deine sichtbaren Verbesserungen und Erfolge wachsen nicht mehr so rasant wie zuvor. Du musst dann also noch härter arbeiten, um auch nur geringfügige Verbesserungen zu erzielen.

Dieser Punkt ist entscheidend und trennt oft die wirklich Hingebungsvollen von denjenigen, die nur bis zu einem bestimmten Level bereit sind, sich anzustrengen. Der Unterschied zwischen dem oberen 1 % und dem 1 % des 1 % – der absoluten Spitze – liegt genau darin, ob du bereit bist, diesen erhöhten, oft extremen Input weiterhin zu leisten.

Es erfordert eine tiefe Hingabe und oft auch Opfer, in diesem Bereich zu bleiben oder sich sogar noch weiter zu verbessern. Dies gilt sowohl für Athleten, die nach Olympiagold streben, als auch für Berufstätige, die an der Spitze ihrer Branche stehen wollen. Das Geheimnis liegt darin, die Leidenschaft und Motivation zu finden und sie auch langfristig aufrechtzuerhalten, die es braucht, um in diesem hoch kompetitiven obersten Prozentbereich zu bestehen und dich weiterhin von der Masse abzuheben.

23   INFO-BOX

$$\text{INPUT } 99\% = \text{OUTPUT}^2$$

$$\text{INPUT OBERES } 1\% = \text{OUTPUT}$$

$$\text{INPUT}^2 \text{ OBERES } 1\% \text{ DER OBEREN } 1\% = \text{OUTPUT}$$

Die 3 Gleichungen zeigen das Verhältnis zwischen Input und Output. Um zu den besten der 99% zu gehören, kann man davon ausgehen, dass der Output exponentiell zum Input steht. Bei den oberen 1% wird das Ergebnis gleich der Energie sein, die man hineinsteckt. Und um zu den oberen 1% der oberen 1% zu gehören, muss man exponentiell mehr investieren, um den Output zu generieren, der einen zu den Spitzenreitern macht. Wie viel investierst du in deine Ziele, bei denen du zu den Besten gehören willst?

KAPITEL 24

NACHWUCHSKADER & PERSONALENTWICKLUNG

Das Kadersystem im Sport, das sich vom F-Kader bis hin zum A-Kader erstreckt, ist ein hervorragendes Beispiel für strukturierte Nachwuchsförderung und Entwicklung. In diesem System werden junge Talente schrittweise an höhere Leistungsniveaus herangeführt. Jede Kaderstufe repräsentiert dabei eine spezifische Entwicklungsphase im sportlichen Werdegang eines Sportlers.

Beginnend mit dem F-Kader, der Basis für junge, vielversprechende Sportler, werden grundlegende Fähigkeiten und Techniken vermittelt. Mit fortschreitender Entwicklung und steigendem Leistungsniveau rücken die Athleten in höhere Kader auf, bis zum A-Kader, auf den die Elite des jeweiligen Sports folgt. Jede Stufe des Kadersystems bietet dabei spezifische Trainingsprogramme, Unterstützung und Ressourcen, die auf das Alter, die Fähigkeiten und die individuellen Bedürfnisse der Sportler zugeschnitten sind.

Ein systematisches Heranführen an Spitzenleistungen im Sport kann also als Modell für die Personalentwicklung in

Unternehmen dienen. Hierbei geht es darum, Mitarbeiter durch verschiedene Entwicklungsstufen zu begleiten, ihnen gezielte Fortbildungen, Herausforderungen und Unterstützung zu bieten und sie so für höherwertige Aufgaben und Verantwortungsbereiche zu qualifizieren.

Genauso wie im Sport junge Talente erkannt, gefördert und gezielt aufgebaut werden, können auch Unternehmen von einem strukturierten Entwicklungsansatz profitieren. Dieser Ansatz hilft nicht nur dabei, Potenziale frühzeitig zu erkennen und zu entwickeln, sondern auch eine starke Bindung zum Unternehmen zu schaffen und langfristig hoch qualifizierte und motivierte Mitarbeiter zu gewinnen und zu halten.

Ein interessantes Phänomen im Kontext des Kadersystems im Sport ist die relativ hohe Drop-Out-Rate im Übergang von Junioren- zu Erwachsenenkadern. Untersuchungen zeigen, dass die Quote derjenigen, die den Sprung von Junioren- zu Erwachsenenkadern nicht schaffen, je nach Studie zwischen 50 und 95 % liegt. Diese Zahlen, beispielsweise erwähnt in einer Studie der Hochschule Mittweida, offenbaren die Herausforderungen und den hohen Druck, dem junge Athleten ausgesetzt sind.

Verursacht wird die hohe Drop-Out-Rate durch verschiedene Faktoren. Dazu gehört der steigende Leistungsdruck, das Erreichen einer natürlichen Leistungsgrenze, aber auch äußere Faktoren wie Verletzungen, mangelnde Unterstützung oder sich verändernde Lebensumstände. Der Übergang von Jugend- zu Erwachsenenwettbewerben ist oft ein kritischer Punkt in der sportlichen Laufbahn, an dem viele junge Talente aus verschiedenen

Gründen nicht mehr mithalten können oder sich gegen eine Fortsetzung ihrer sportlichen Karriere entscheiden.

Diese Erkenntnisse aus dem Sport liefern dir auch wertvolle Einsichten für die Personalentwicklung in deinem Unternehmen. Sie unterstreichen die Notwendigkeit, junge Talente nicht nur in ihrer fachlichen, sondern auch in ihrer persönlichen Entwicklung zu unterstützen. Dies beinhaltet die Förderung von Resilienz, das Management von Stress und Druck sowie die Anpassung von Trainings- und Entwicklungsprogrammen an individuelle Bedürfnisse und Umstände.

In beiden Bereichen, im Sport wie im Berufsleben, ist es entscheidend, ein Umfeld zu schaffen, das junge Talente nicht nur fordert, sondern auch fördert und unterstützt. Die Gewinnung von Nachwuchsführungskräften in Unternehmen weist ähnliche Charakteristika auf wie die Entwicklung von Nachwuchssportlern in Kadersystemen. Zunächst wird in Unternehmen bewertet, welche Mitarbeiter im Vergleich zu ihren Kollegen auf der gleichen Stufe am vielversprechendsten abschneiden. Diese Bewertung basiert oft auf aktuellen Leistungen, erreichten Zielen und gezeigter Initiative. Mitarbeiter, die als High-Performer mit hohem Potenzial identifiziert werden, erhalten dann besondere Förderung. Meist kommen dabei gezielte Trainingsprogramme, Mentoring, Projektverantwortung oder andere Entwicklungsmaßnahmen zum Einsatz.

Die geförderten Mitarbeiter rücken dann auf die nächste Stufe vor, wo andere Anforderungen und Kriterien gelten. Was in einer Position als Stärke galt, kann in einer Führungsposition neue Herausforderungen mit sich bringen. Deshalb kann es passieren, dass einige dieser High-Performer auf der neuen Stufe nicht so gut abschneiden, da die erforderlichen Fähigkeiten und Verantwortungen sich wesentlich von ihrer bisherigen Rolle unterscheiden. Dies führt auch bei vielen Beförderten zum Drop-out. In einer solchen Situation wird deutlich, dass in der Personalentwicklung das Potenzial eines Mitarbeiters oft stärker gewichtet werden sollte als seine aktuelle Performance. Wichtig ist das Potenzial für die Rolle, die in der Zukunft ausgefüllt werden soll, und nicht nur die Fähigkeit, in der aktuellen Position der Beste zu sein.

Dies bedeutet, dass Unternehmen bei der Entwicklung von Nachwuchsführungskräften nicht nur auf die gegenwärtige Leistung schauen sollten, sondern auch auf die Fähigkeit des Mitarbeiters, sich weiterzuentwickeln, neue Fähigkeiten zu erlernen und sich an veränderte Anforderungen anzupassen. So kannst du verhindern, dass Talente übersehen werden, die vielleicht momentan nicht die herausragendsten Leistungen zeigen, aber das Potenzial für zukünftige Führungspositionen besitzen. Diese Herangehensweise fördert eine nachhaltige und zukunftsorientierte Personalentwicklung.

KAPITEL 25

KÖRPER UND GEIST MÜSSEN GLEICHWERTIG TRAINIERT WERDEN

Ich sage meinen Coaching-Kunden immer: Körper und Geist müssen gleichwertig trainiert werden — eine Philosophie, die tief in der Geschichte verwurzelt ist und bis zu den alten Griechen zurückreicht.

Die Bedeutung dieser ganzheitlichen Herangehensweise an Training und Wohlbefinden wird auch von berühmten Sportmarken anerkannt und umgesetzt. Ein prominentes Beispiel ist ASICS, eine der bekanntesten Laufschuhmarken der Welt. Der Name ASICS ist tatsächlich ein Akronym, das für

„Anima Sana In Corpore Sano"

steht, was aus dem Lateinischen übersetzt „Ein gesunder Geist in einem gesunden Körper" bedeutet. Diese Philosophie bildet das Kernprinzip der Marke und spiegelt die Überzeugung wider, dass für die Erreichung optimaler Leistungsfähigkeit und allgemeines

Wohlbefinden eine Balance zwischen körperlicher und geistiger Gesundheit essenziell ist.

Diese ganzheitliche Betrachtung von Körper und Geist findet sich auch in modernen Ansätzen zur Resilienz und mentalen Stärke, wie sie beispielsweise im Buch „The Art of Resilience" diskutiert wird. Schon in den ersten drei Kapiteln dieses Werkes wird deutlich, wie eng körperliche Fitness und mentale Widerstandsfähigkeit miteinander verknüpft sind. Die Entwicklung von Ausdauer, Kraft und Flexibilität ist nicht nur eine körperliche Herausforderung, sondern erfordert auch eine starke geistige Haltung, Disziplin und die Fähigkeit, Widrigkeiten zu überwinden.

Dieser ganzheitliche Ansatz im Training, der sowohl den Körper als auch den Geist umfasst, ist entscheidend für die Maximierung deiner Leistungsfähigkeit. Du musst nicht nur deinen Körper stärken und trainieren, sondern auch deinen Geist pflegen und entwickeln, um ein Gleichgewicht zu erreichen, das zu wahrer Exzellenz führt.

Seit einigen Jahren gewinnt eine ganzheitliche Betrachtung von Körper und Geist für eine nachhaltige Leistungsfähigkeit immer mehr an Bedeutung. Diese ganzheitliche Sichtweise beinhaltet sowohl regelmäßige körperliche Aktivität als auch die Pflege der mentalen Gesundheit durch Praktiken wie Meditation, ausreichenden Schlaf, Stressmanagement und positive soziale Interaktionen. Die Konsequenzen der Vernachlässigung entweder des Körpers oder des Geistes können gravierend sein. Wenn du dich nicht umfassend um deine Gesundheit kümmerst, läufst du ein höheres Risiko, früher zu erkranken, auszubrennen oder sogar ein verkürztes Leben zu führen. **Dies wiederum bedeutet, dass du**

weniger Zeit hast, deine Talente und Fähigkeiten in die Welt zu tragen und einen positiven Einfluss auszuüben.

Es besteht also eine wechselseitige Beziehung zwischen Körper und Geist. Die körperliche Fitness beeinflusst die mentale Gesundheit positiv, und umgekehrt kann eine gesunde geistige Verfassung zu einer verbesserten körperlichen Leistungsfähigkeit beitragen. Dieser Zusammenhang zeigt sich nicht nur in der Fitness, sondern auch in anderen Aspekten wie Ernährung, Schlafqualität und dem Umgang mit Stress.

Techniken wie Autogenes-Training und Progressive-Muskelentspannung helfen, die Verbindung zwischen Körper und Geist zu stärken, Stress und Angstzustände zu reduzieren und die allgemeine körperliche Entspannung und das Wohlbefinden zu fördern. Indem du lernst, deinen Körper bewusst zu entspannen, kannst du auch geistige Ruhe und Klarheit in deinem Alltag vermehren.

Ein interessantes Konzept, das diese Verbindung zwischen körperlicher und mentaler Leistungsfähigkeit verdeutlicht, ist die sogenannte 40%-Regel der Navy SEALs. Diese Regel besagt, dass, wenn der Körper erschöpft ist und der Geist glaubt, dass er nicht mehr weitermachen kann, man tatsächlich erst 40 % seines Leistungspotenzials ausgeschöpft hat. Durch mentale Stärke und Willenskraft können die Grenzen der körperlichen Leistungsfähigkeit erheblich erweitert werden. Beim Ultratrail-Laufen beispielsweise wird oft gesagt, dass die Herausforderung zu 90 % mental und nur zu 10 % physisch ist. Viele Trainingseinheiten im Ultralaufen sind darauf ausgerichtet, den Geist darauf vorzubereiten, mit Erschöpfung und Müdigkeit umzugehen, anstatt nur die körperliche Ausdauer zu steigern. Die Fähigkeit, mental stark zu bleiben, wenn der Körper an seine Grenzen kommt, ist entscheidend für den Erfolg in solchen extremen Ausdauerdisziplinen. Und Führung ist ebenfalls eine Ausdauersportart. Eine extreme Ausdauersportart.

Meine Schlussfolgerung daraus ist, dass nur diejenigen, die sowohl körperlich als auch geistig auf höchstem Niveau arbeiten, ihr volles berufliches oder sportliches Potenzial ausschöpfen können. Dies erfordert ein kontinuierliches Training beider Aspekte – die Stärkung des Körpers durch körperliche Aktivität und die Entwicklung mentaler Stärke durch gezielte mentale Übungen und Techniken.

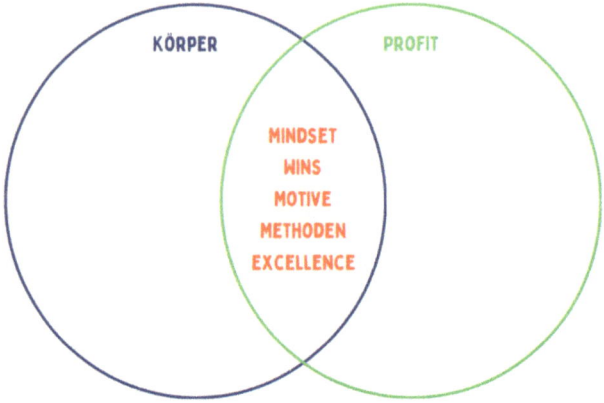

Wer körperlich ausgebrannt ist, kann auch geistig nicht auf der Höhe sein. Um erfolgreich zu sein, muss der Körper ausgebildet werden, um dem Ziel nicht im Wege zu stehen. Sowohl im Business als auch im Sport gibt es Eigenschaften, die Erfolg und Scheitern unterscheiden. Diese sind in dem Diagramm in dem überschneidenden Teil angedeutet.

KAPITEL 26

WHAT IS A PERFECT FIT?

Als Trainer empfinde ich es als eine interessante Dynamik, dass sich Athleten mich aussuchen und ich mir gleichzeitig aber auch Athleten aussuche. Dieser gegenseitige Auswahlprozess ist wichtig, da er sicherstellt, dass beide Parteien – der Trainer und der Athlet – gut zusammenpassen und die gleichen Ziele und Erwartungen haben.

Nicht immer passt es. Oftmals erkennen sowohl der Sportler als auch ich als Trainer, dass es nicht um eine Frage des „Falschseins" der einen oder anderen Seite geht. Vielmehr sind es die jeweiligen Philosophien, Herangehensweisen und Methoden, die miteinander harmonieren müssen. Ich sehe die Übereinstimmung in diesen Bereichen als essenziell für eine erfolgreiche und produktive Zusammenarbeit an.

In meiner eigenen Erfahrung als Trainer hatte ich beispielsweise Athleten, die täglich 4–6 Stunden Sport trieben, aber in Wettkämpfen nie mit denen mithalten konnten, die im Verhältnis „nur" 15–20 Stunden pro Woche trainierten. Dies zeigte deutlich, dass mehr Training nicht immer gleichbedeutend mit besserer Leistung ist. Ich habe unter anderem einer Läuferin immer wieder geraten, dass sie auch Ruhephasen einplanen und lernen muss, sich zu erholen. Nach etwa vier Monaten des immer gleichen Hin und Hers, da die Athletin meinen Ratschlägen nicht folgte, musste ich die Zusammenarbeit mit ihr beenden. Es wurde klar, dass ich nicht der richtige Trainer war, um ihr in ihrer aktuellen Situation zu helfen. Diese Entscheidung fiel mir nicht leicht, aber manchmal ist es das Beste für beide Parteien, getrennte Wege zu gehen, wenn die Methoden und Ansätze nicht übereinstimmen.

Ein weiterer Aspekt des „Perfect Fit", den ich häufig in meinen Seminaren über Ausdauersport erlebe, betrifft die Motivation und die Einstellung derer, die Trainer werden möchten. Viele Teilnehmer meiner Seminare sind leidenschaftlich am Sport interessiert und möchten diese Begeisterung an andere weitergeben. Sie träumen davon, Trainer zu werden, um ihre Liebe zum Sport zu teilen und andere zu inspirieren. Jedoch begegne ich oft der Vorstellung, dass ein Trainer in der jeweiligen Sportart besser sein müsse als seine Athleten. Diese Auffassung basiert auf der Annahme, dass fachliche Überlegenheit die Hauptqualifikation für einen guten Trainer darstellt.

Ein einprägsames Beispiel war ein Kursteilnehmer, der zu mir sagte: „Warum sollte ich mich von jemandem trainieren lassen, der schlechter als ich in der Sportart ist?" Diese Frage offenbart ein weitverbreitetes Missverständnis darüber, was einen guten Trainer ausmacht. Meine Antwort darauf war eine Gegenfrage: „Warum nehmen die Trainer der Olympiasieger nicht selbst an den Spielen teil, wenn der Trainer immer besser sein muss?" Diese Frage soll verdeutlichen, dass die Rolle eines Trainers weit über die eigene sportliche Leistung hinausgeht. Trainer müssen nicht die besten in einer Sportart sein. Vielmehr müssen sie **zu den Besten gehören, die das Beste in anderen hervorbringen**

können. Das wahre Talent eines Trainers oder einer Führungskraft liegt darin, das Potenzial in ihren Athleten oder Mitarbeitern zu erkennen und zu fördern. Sie müssen dazu in der Lage sein, andere zu inspirieren, zu motivieren und sie auf ihrem Weg zu Spitzenleistungen zu unterstützen – auch wenn es nicht bei jedem Einzelnen gelingen kann.

Gute Coaches waren nicht immer die besten Athleten. Im Fußball sind Holger Stanislawski und Jürgen Klopp Beispiele dafür, dass man nicht unbedingt ein herausragender Spieler gewesen sein muss, um ein erfolgreicher Trainer zu werden. Ähnliches gilt im Ausdauersport für Dan Lorang und Brett Sutton. Coachen und Führen erfordern andere Qualitäten als das Ausführen von High-Performance-Aktivitäten, nämlich Führungsstärke, Empathie, fachliche Kompetenz, Kommunikationsfähigkeit und das Vermögen, andere zu motivieren und zu fördern.

Die besten Coaches verfügen über fundiertes Wissen zu den Theorien hinter der Leistung:

1. Sie verstehen, welche Trainingseinheit zu welcher Anpassung führt.

2. Sie wissen, wie unterschiedliche Athleten auf verschiedene Belastungen reagieren und wie man sie am besten abholt.

3. Sie können Leistungsdiagnostiken auswerten und interpretieren.

4. Sie wissen, wann Strenge notwendig ist.

Gute Führungskräfte sind wie gute Coaches. Es sollte nicht allein die Leistung in der jeweiligen Tätigkeit sein, die jemanden zum Leader macht. Vielmehr sind es die Fähigkeit zur Menschenführung, strategisches Denken und die Fähigkeit, andere zu inspirieren und zu ihrem vollen Potenzial zu führen, die eine erfolgreiche Führungskraft ausmachen.

26 INFO-BOX

Hier kann ich keine Grafik oder Tipps geben. Das Einzige, was ich dir hierzu mitgeben kann, sind die Worte des großen Muhammad Ali:

"Champions aren't made in gyms. Champions are made from something they have deep inside them — a desire, a dream, a vision. They have to have the skill, and the will. But the will must be stronger than the skill."

KAPITEL 27

WELCHEN VEREIN LEITE ICH EIGENT-LICH?

Die erfolgreichsten Strukturen, sowohl im Sport als auch in der Wirtschaft, sind jene, die von **klaren Visionen** geleitet werden. Solche Visionen sind der Antrieb, der nicht nur zu außergewöhnlichen Leistungen führt, sondern auch die erfolgreichsten Sportler und Geschäftsleute hervorbringt.

Erfolgreiche Umgebungen ziehen Talente mit hohem Potenzial an und stoßen auf natürliche Weise Leistungsverweigerer ab. Mit „Abstoßen" meine ich hier nicht das Feuern von Mitarbeitern, sondern eher, dass eine leistungsorientierte Kultur nicht für jeden geeignet ist. In einer Umgebung, die Höchstleistungen und ständige Verbesserung wertschätzt, sammeln sich Gleichgesinnte – Menschen, die ähnliche Werte teilen und sich gegenseitig in ihrem Streben nach Exzellenz unterstützen.

Die alte Managerweisheit „First class hires first class & second class hires third class" unterstreicht, dass niemand, der hohe Leistungen erbringt, gerne mit jemandem zusammenarbeitet, der dies nicht tut. High-Performer legen großen Wert auf die

Einstellung der Menschen um sie herum. Diese Prinzipien gelten sowohl für sportliche Teams als auch für Unternehmen. In beiden Fällen ist es die Kombination aus einer starken, gemeinsamen Vision und einer Kultur der Exzellenz, die eine Umgebung schafft, in der außergewöhnliche Leistungen gedeihen können.

Eine solche Gemeinschaft Gleichgesinnter bietet zahlreiche Vorteile. Zum einen gibt es gemeinsame Themen und Ansichten, die man teilen und diskutieren kann.

Diese Gespräche können ungemein bereichernd sein, da sie neue Perspektiven eröffnen und zu weiterem Nachdenken anregen. Zum anderen entsteht eine gegenseitige Inspiration und Motivation. Wenn man sich mit Menschen umgibt, die ähnlich hohe Ziele haben und hart arbeiten, um diese zu erreichen, wirkt das motivierend und anspornend. Man lernt voneinander, feiert gemeinsam Erfolge und unterstützt sich gegenseitig bei Rückschlägen.

In einem solchen Umfeld herrscht oft auch ein hohes Maß an Verständnis für die Opfer und Anstrengungen, die für den Erfolg erforderlich sind. Dies führt zu einer tiefen gegenseitigen Wertschätzung und Respekt. Es entsteht eine positive Dynamik, in der jeder bestrebt ist, sich selbst und die anderen weiterzuentwickeln.

Ich habe für dich in diesem Buch unzählige Parallelen zwischen Sport und Berufsleben beleuchtet und wie du aus dem „Oder" ein „Und" machen kannst. Meine eigene Erfahrung zeigt, dass es möglich ist, beide Welten miteinander zu verbinden.

Ich selbst habe unter anderem interne Telefonkonferenzen oft während eines Laufs geführt. Diese Praxis mag anfangs ungewöhnlich erscheinen, sowohl für mich als auch für mein Team, doch sie hat sich als äußerst effektiv erwiesen. Zugegeben, es ist gewöhnungsbedürftig, vor allem am Anfang. Doch mit der Zeit gewinnt man an Flexibilität und Kreativität in der Gestaltung des Arbeitsalltags. In meinem Kalender habe ich dafür spezielle Zeiten für „Walk and Talk"-1-on-1s eingerichtet. Diese Methode bietet eine fantastische Gelegenheit, die körperliche Aktivität mit produktiven Arbeitsgesprächen zu kombinieren.

Abschließend möchte ich betonen, dass das Tun, was man will, ein großes Privileg ist. Dieses Buch zu schreiben, war ein Privileg; trainieren zu können, ist ein Privileg; und die Möglichkeit zu haben, zu leiten, ist ebenfalls ein Privileg. Wir sollten uns dieser Privilegien bewusst sein und sie wertschätzen. Sie ermöglichen uns, unser Leben in vollem Umfang zu leben und sowohl beruflich als auch persönlich zu wachsen. Nutze diese Privilegien weise und strebe danach, das Beste aus dir selbst und den Menschen, um dich herum, herauszuholen.

NACHWORT

Ob du das Buch nun von Anfang bis Ende gelesen hast oder immer wieder zwischen einzelnen Themen hin und her gesprungen bist: Ich hoffe, es hat dir Spaß gemacht.

Mir selbst hat es großen Spaß gemacht, mir die Gedanken zu dem Buch zu machen. Mir zu überlegen, wie ich die Konzepte aus Berufswelt und Sport verbinden kann. Welche Konzepte dir helfen können, alles besser zu verstehen und wie ich diese illustrieren kann. Doch am meisten Spaß werde ich haben, wenn ich Konzepte aus dem Sport in Unternehmen wiederfinde.

Bei der Einführung neuer Ideen in Unternehmen oder Teams musst du dir darüber im Klaren sein, dass keine Wunder geschehen können. Daher möchte ich hier noch einmal auf das Adaptionsfenster, welches besagt, dass frühestens 6 Wochen nach einer Änderung ein Effekt eintritt, und die 1-Prozent-Regel verweisen.

Ich selbst habe im Büro häufig die Ungeduld, dass ich glaube, dass meine Änderungen doch viel schneller einen Effekt haben müssten. Vor allem in meinen frühen Jahren als Manager habe ich Änderung über Änderung eingeführt und so meine Mitarbeiter überfordert.

Ich hoffe, dass du die Methoden aus diesem Buch nutzen kannst, um dich und dein Team oder Unternehmen auf einen ausgeglicheneren und effektiveren Kurs zu bringen. Nicht jede Methode passt in jeder Situation und nicht alle Methoden greifen auf die gleiche Weise bei allen Teams. Aber ich weiß, alle diese Methoden bewirken etwas. Mit dir, mit deinem Team, mit deiner Umwelt.

Abschließend möchte ich mich noch bei meiner Frau Kira bedanken, die all meine Verrücktheiten und all meinen Ehrgeiz mit Gelassenheit nimmt. Nun ja, zumindest bei allem außer beim Wellenreiten, denn da ist sie mindestens so ehrgeizig wie ich und mein „Worthy Rival", also mein Rivale, mit dem ich nicht im Wettkampf stehe, aber der mir hilft, besser zu werden, da ich meinen Fortschritt an seinem messen kann.

Ich selbst versuche täglich nach dem Vorbild großer Athleten und Coaches zu leben und scheitere dabei regelmäßig. Seit einiger Zeit habe ich vom Laufen extreme Probleme mit meinen Füßen und habe daher mit CrossFit angefangen. Ich muss zugeben, dass ich ein miserabler CrossFitter bin. Aber ich steigere mich regelmäßig und hoffe, dass der Kraftaufbau mich auch wieder auf die Laufstrecken bringen wird. Aber das Wichtigste für mich ist, dass ich mich täglich neu ermutige, um besser zu werden. Mein Athlete Spirit.

Nun bist du gefragt. Geh' an die Arbeit, um den Athlete Spirit in deinem Leben und Team zu leben.